星火文化

# 三浦綾子：《新約》告訴我的故事

## 為什麼耶穌的魅力吸引了我？

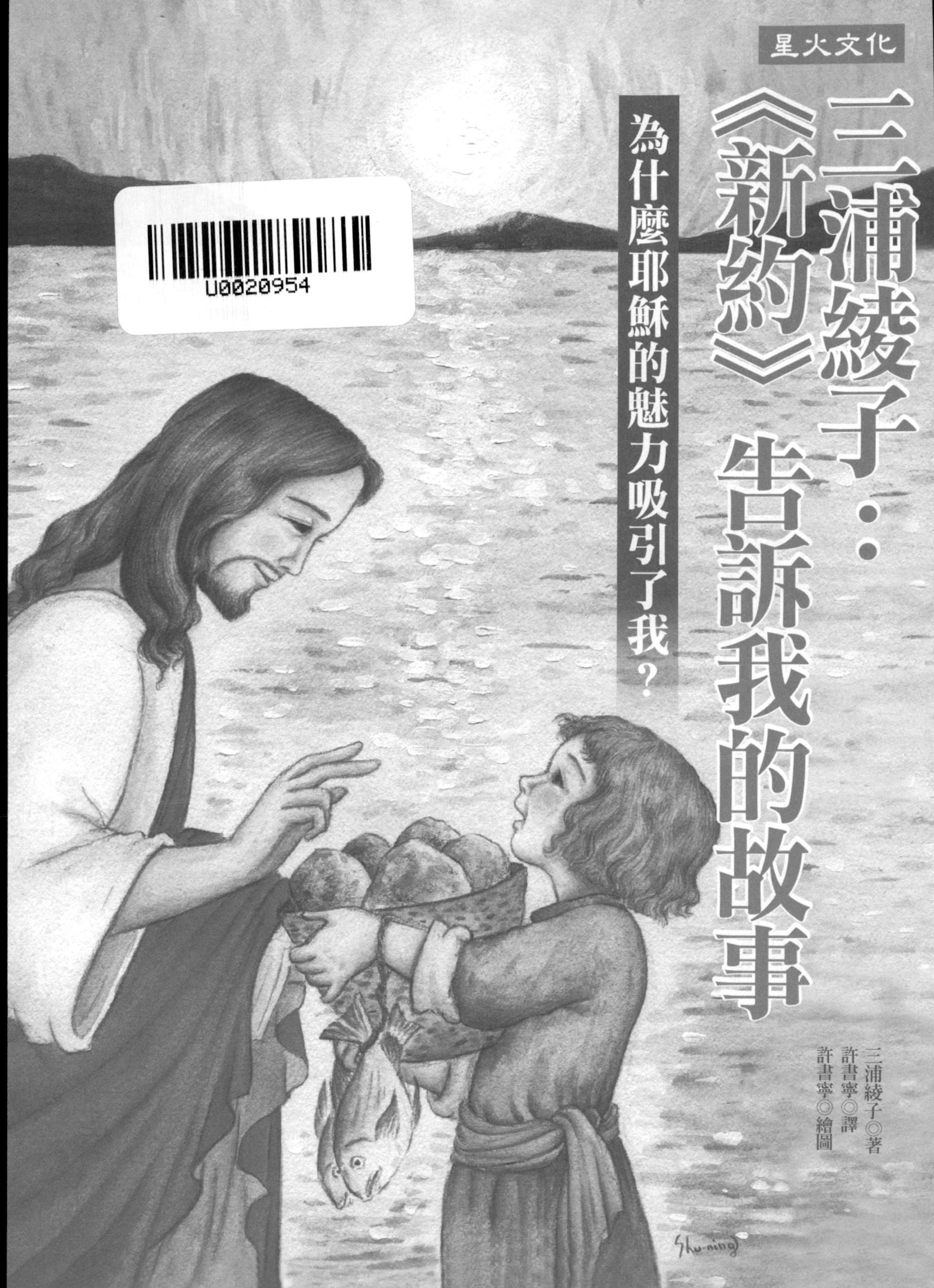


三浦綾子◎著
許書寧◎譯
許書寧◎繪圖

目錄 CONTENTS

目錄 CONTENTS

## 導讀
# 閱讀聖經，閱讀自己

彭蕙仙
（作者從事採訪工作二十餘年，著有《轉念，遇見幸福》。一個基督徒；一個母親；一個喜歡遊山玩水的人。）

作為一位小說家，三浦綾子必然考察過無數的人性練習題，在她眼中，《新約聖經》裡的耶穌是一位熟諳人性的大師，祂所說的話之所以能夠穿透人心，正是因為祂了解人會怎麼想、人會怎麼做，因此祂的話語總是指向人性的明暗虛實之處；當我們在閱讀《新約聖經》時，我們彷彿也就是在閱讀自己；這幾乎是一種自我逼視。

許多時候，耶穌用譬喻，在敲擊的當下，為我們預備了一個又一個靈性的靠墊，好讓脆弱的我們，找到迴身的空間。有的時候，耶穌直言斥責，祂的話語帶著強大的能量，讓駑鈍的我們，無所遁逃。耶穌話語的節奏就在這些緊緩相間的書寫中，怕只怕，我們會因為選擇性的認知而錯過其中的珍貴提醒。

閱讀《聖經》的過程像旅行，有人習慣說走就走，不由分說地上路；有人習慣先閱覽地圖、說明書之類的輔助工具，甚至是一邊旅行，一邊不斷參考各式各樣的指南、前人經驗分享。我自己的旅遊經驗是，如果能多些預備，可以在旅行時增加更多被「感動」的機會；因為理性的充實會增加感性的豐富，這是我的體會。對信仰，我的想法也是如此。

比起《舊約聖經》，很多人覺得閱讀《新約聖經》的難度沒有那麼高，起碼不會有「跟以色列人一樣，始終出不了埃及」的痛苦。在讀完《創世記》、《出埃及記》後，就會進入《利未記》、《民數記》、《申命記》鋪天蓋地的祭祀之例、典章之律、支派和人數之類的敘事裡，鉅細靡遺到讓人讀得坐立難安、欲哭無淚。所以很多人興致勃勃拿起《舊約》想認真一讀，不久就會就會卡在《出埃及記》上；但《新約》也是一樣，一開頭就給你一個「下馬威」，四福音的第一卷《馬太福音》第一章第一頁，嘩啦嘩啦一大堆人名，交代的是耶穌的生平。

很多牧師都會好心提醒，這些人名不可以直接跳過去哦，一定要認真給他讀下去，但是讀起來真的「很沒有感覺耶」，我們幹嘛要讀這些「名字」？

三浦綾子的解說讓我覺得，原來這些名字的背後有如此豐富的意涵。耶穌的族譜真的是「暗潮洶湧」，充滿了道德倫常的挑戰，按照一般的認知，「偉人」的過往總是會

《創世記》【《創世紀》】①
《出埃及記》【《出谷紀》】
《利未記》【《肋未紀》】
《民數記》【《民長紀》】
《申命記》【《申命紀》】
《馬太福音》【《瑪竇福音》】

① 括弧【】內為同一名詞《思高本聖經》譯名。

被美化的，像是帝王將相、貞潔烈婦、父慈子孝，但在耶穌的族譜裡，讀者會看到充滿人性黑暗的罪惡、不光采的事蹟，祂的先祖有娼婦、有不倫，甚至於，對許多人來說，還有最難過的一關：馬利亞處女懷孕，真有這種事？

很多人是打算從《新約》認識基督教的，三浦綾子懷疑，這個信仰有必要在第一頁就搞出這麼個「無稽之談」嗎？三浦綾子歷經近三十年的思索，終於下了個很有意思的結論：正是因為這是個不可動搖的事實，因此《新約聖經》的撰寫者才會在明知很多人很難相信其為真的情況下，還是要把馬利亞受聖靈成孕、童女生子的過程記下來，就是不怕你要辯論，不擔心你會因此不信。如三浦綾子所說，《馬太福音》第一章第一頁所記的事是進入這個信仰的第一關，不過這一關，就看不到後面堆積如山的寶藏。

三浦綾子這本書是她閱讀《新約聖經》的心得，也是她的信仰與人生歷程的對照，她用溫暖且甚至有時帶著商量和探詢的文字，與讀者進行一種生命的交流。她坦誠地表達自己的疑惑與不解之處，每讀到這些地方總讓我會心一笑。我自己也是如此，讀到實在不懂、不通的地方，就先放下，不在該處執著盤旋。《聖經》在人生不同階段讀起來總有不同的體會與興味，所以不必被現在打結的地方卡住，不通的地方，將來總有機會有不同的看見。甚至於你認為自己已經懂了、通了的地方，下回再讀，竟然還有驚奇。

我已閱讀《新約聖經》多次，但是看三浦綾子的這本書，仍有不少新的發現，是過去閱讀《新約聖經》時沒想到或者沒注意到的地方。除了前述耶穌族譜的「族群意義」和內中暗藏的倫理課題之外，她對「八福」中「哀慟的人有福了，因為他們必得安慰」

馬利亞【瑪利亞】

聖靈【聖神】

「八福」【「真福八端」】

中「哀慟」的解釋最讓我「為之一動」。

一般我們說的「哀慟」，談的多是人生的「失去」，失去了親人、失去了健康、失去了財富等等，但是真正的哀慟不是這些「外在的東西」沒有了，而是你發現了自己「內在的匱乏」，發現自己竟然對自己的自私、氣量狹小、不誠實、軟弱、壞念頭……沒輒，這才是人生深沉的哀慟，因為你感覺到自己對自己的那種「無能為力」。沒錢，你可以去賺，身體不夠健康，你可以鍛鍊，然而，面對人的罪性，你能怎麼辦呢？

這就是為什麼「八福」告訴我們，哀慟的人是有福的人，因為當人們懂得了哀慟，他也就看透了人的有限，在這樣的認知下，他也才知道人生真正重要的課題，不是向外追求成功，而是向上支持生命。如此，他就成了有福之人。

這本書裡四處可見這樣娓娓道來的讀經一得。三浦綾子的文字安靜沉潛，不疾不徐，三不五時加上她所經歷的人生小故事，讀來每每讓人進入溫柔的沉思，並且理解到原來《聖經》跟我們的生活是如此息息相關。在基督教思想與生活觀還並不是主流的東方，這種寫作方式相當可貴；特別她是一位作家，讀經與文學經驗的觀照，尤其難得，也格外引人入勝。

三浦綾子不是站在高處的一位博學解經者，她像是與我們並肩而行的旅伴，她的旅遊心得本身就是另一個動人的旅程。

## 推薦者的話

卡內基訓練大中華地區負責人黑幼龍先生說：

「人都喜歡聽故事、看故事。《聖經》是一本有很多故事的書。我小時候看《聖經》，印象最深的故事就是耶穌是那麼不喜歡法利賽人，雖然他們捐很多錢給教會，生活很嚴謹、守齋。只因為他們看不起別人、看不起罪人，天主就拒絕了他們，同時卻接受了懺悔的罪人。

《聖經》裡還有很多這樣令人深思的故事。不同的時代，不同的年齡，看這些故事還可能會有不同的心得。

世界上有哪一本書比《聖經》裡的故事更多呢？」

# 緣起

人究竟在什麼時候、為了什麼原因，而開始接觸《聖經》呢？我曾聽說，日本八成以上的家庭擁有《聖經》，而那些《聖經》又是經過怎麼樣的過程，才到了擁有者手中呢？有的是別人送的，有的是逛書店時，一時興起而買的。有一次還聽說，有人為了買一本《聖經》，專程從離島搭船到本州，這件事叫我感動萬分。

不管怎麼樣，《聖經》以各種管道進到了我們家裡。不過，即使是因為自己想要而買回，就馬上把《聖經》從頭到尾徹徹底底地讀過的，大概也不多吧！大部分的情況是：打開來翻了翻，卻很快地放棄了；或是束之高閣，任其塵封，視而不見，見而不讀。這可以說是日本家庭與《聖經》間關係的實況吧！

這世界上，對《聖經》毫不關心地度過一生的人應該也不少。但是不管怎樣，一個人在生命歷程中，總會遇上一次、兩次悲傷痛苦、萬分無助，以致於不自主地發出：「啊啊……神啊！我究竟該怎麼辦才好呢？」的哀嘆吧！在那樣的時候，如果接觸到《聖經》，所遭受的痛苦與悲傷便不再是無法忍受的苦難，而將被賦予不同的意義吧！

拿自己的例子來說，如果將現在的我和還沒接觸《聖經》時的我相比，相信會得到相同結論的。我曾經生了十三年的病，遭遇過與至親及戀人的死別，在人際關係上也曾有過不順遂的煩惱。但是自從接觸《聖經》以後，那些苦痛與傷悲的意義，就和從前有著截然不同的意義了。

我寫這本書的目的，是想和那些從沒碰過《聖經》或是曾經想讀、卻又因為看起來太難而放棄的人，一起用平易簡單的方式，探索《新約聖經》的世界。《聖經》對我而言，也不是一本容易的書，因此可以瞭解大家的心情。

在此順便一提，雖然現在已經不太常見，但在我的少女時代，也就是昭和初期的時候，路邊經常有宣教的救世軍①，一邊敲著鼓，一邊大聲地唱著聖歌：

「就信了吧！凡不信的人，必不能得救。」

他們有時也朗讀《聖經》，或對經過的路人講道理。

大部分的人都毫無反應地匆匆走過，但其中也會有態度惡劣的人，故意用讓人聽得到的音量說出：「哼！耶穌教的臭和尚！」之類的話。至於我，則屬於像前者般漠然走過的路人之一。

但是出乎意料地，卻也有很多人因為那樣的路邊傳教而成為教友或牧師。

我這本《三浦綾子：《新約》告訴我的故事》②在光文社發行的《寶石》月刊上，從昭和五十二年（西元一九七七年）一月號起分別連載了十三回。在這樣一本以報導政治、經濟、社會事件為主的刊物上放著「《新約聖經》入門」專欄，讓我有類似於路旁宣教般的感慨。這本雜誌並不是宗教性的刊物，因此絕大多數的讀者一定對印了「《新約聖經》入門」標題的那幾頁，完全不感興趣地啪啦啪啦翻過，甚至連正眼也不瞧上一眼吧！至少我是這樣子猜想的。

現在專欄的文章集結成書，想必也將混在各種不同領域的茫茫書海中，被放置在書店不起眼的小角落裡吧！這樣想想，果然真像在路邊宣教呀！

我想，幾乎大部分的人都不會把手伸向我這本書吧！不過，或許會有幾個人能專心地讀進去，說不定最後還因此開始讀《聖經》呢！如果能夠有一、兩位也就夠了，我就是為了這樣的人，而將此書獻給世界。

我想再說一次，這本《三浦綾子：《新約》告訴我的故事》是以相當平易簡單的方式撰寫。我既不是牧師，也不是老師，只不過是個每星期上教堂參加禮拜、聽牧師講道的普通信徒。因此，太過專門的東西我是不懂的。僅將皈依耶穌二十五年來，從牧長及長輩教友們那裡聽來的、從各種基督新教刊物及參考書中讀到的，以及自己所想所感受到的寫出來而已。換句話說，不過就是照本宣科、現學現賣罷了。

話說回來，雖然氣力微薄，我也相當努力，一邊寫、一邊祈禱著，希望本書能對《新約聖經》的入門者有所幫助。如果藉由我這本貧乏的小書，能讓人因此對《聖經》產生了親切感，那將會是多麼幸運的事呀！

這本書是之前同由光文社出版之拙作《三浦綾子：《舊約》告訴我的故事》的姊妹書。《聖經》是由《新約》與《舊約》構成，因此我也希望這兩本書被當成是同一部著作來讀。

① 基督新教的一個教派。
② 編者按：本書日文原名是：《新約聖書入門　心の糧を求める人へ》。作者另一本《旧約聖書入門　光と愛を求めて》中文譯名為：《三浦綾子：《舊約》告訴我的故事》，已由星火文化於二〇一五年十二月出版。

另外，書中的章節長短並不平均。譬如：我花了特別長的篇幅描寫《馬太福音》；而後半段的書信也因為性質上的關係，就只有簡單帶過。在這裡先知會大家一聲。

最後，我還要深深感謝於連載期間為我畫插圖的荻太郎老師、負責設計裝幀的小西啟介老師，以及幫了我許多忙的諸位。

三浦　綾子

一九七七年十二月一日（寫於河童書庫出版之際）

## 文庫版出版之際

「從沒親手拿過《聖經》卻度過一生的人有很多；在短短的生命中，從來沒讀過這本書的人也不少。我自己也是一直到二十六、七歲為止，都還過著與《聖經》完全絕緣的生活。那樣的我有一天翻開了《聖經》，成為相信基督的人，人生因此大不相同。《聖經》完全改變了我從前怠惰又虛無的人生觀。」

像上述的這段話，我不只在本書的新書版（河童書庫），另外在其他著作中也常常提及。雖然已經講過好幾次，在這裡我還是要重申，我的人生就是因為《聖經》而截然不同。

作者　一九八四年十月五日

# 01 稅務員眼中的耶穌——《馬太福音》

## 一份愛的禮物

第一次接觸《聖經》，是小學三年級參加主日學的時候。不過，那時候去參加主日學，並不是為了找尋神。我們家是由十二位成員構成的大家庭，男生特別多。每到星期天，房子裡總會擠滿幾乎要掀翻屋頂的小朋友，吵得不得了。而我們家卻只是三個房間的小屋子，兩間八疊和一間六疊大①。一遇上下雨天、或是冬季特別冷的時候，兄弟姊妹就不約而同地留在屋裡玩。相較起來，我算是喜歡讀書的孩子，因此總想避開喧鬧的世界。所以，朋友一約，我就跟著去教會了。說實話，我只不過想擁有一個比較寧靜的禮拜天而已。

正因如此，當時的我雖然曾經翻過《聖經》，卻沒有受到任何顯著的影響。真正開始讀《聖經》，應是在二十七歲的養病期間。不過，即使是那個時候，我也不是打從心底想閱讀《聖經》。

曾在其他書中提過，我和戰爭時期的其他教員一樣，一心只想當個好老師。教了七年書後，日本戰敗，成了美軍統治的區域。在美軍的命令下，我們被迫用墨汁塗掉了教科書中相當大的部分。當時的我還很年輕，一邊指示學生們做這項工作，一邊感受到難

① 譯者按：「疊」，就是「榻榻米」（日式房屋鋪在地上的厚草蓆）。一坪相當於兩張榻榻米大。日本人習慣以榻榻米來計算房間大小。

以承受的屈辱。明明昨天還抬頭挺胸地拿著這本教科書教導學生，今天卻得用墨水全盤否定。如此異樣的經驗，使得我彷彿從斜坡上倒栽蔥地重重滾落，從此掉進了虛無飄渺的無底深淵中。

詳細的情形我已在自傳《尋道記》中描述，於此不再多言。總之，在那之後，我再也稱不上是個熱心的老師了。身為老師，卻得在教科書上塗墨！這件事實在叫我無法在孩子面前抬頭。因此，我失去了嚴厲斥責學生的動力，任憑孩子們在台下竊竊私語，也不去理會他們是否忘了做習題，一切的一切似乎都變得無關緊要。一打開課本，只見滿頁的墨水痕跡。我到底應該翻開哪一頁？究竟該教導給孩子們什麼東西呢？直到昨天為止還是對的事情，為什麼到了今天就全錯了呢？那麼，今天認為是正確的東西，是否果真正確無誤？直到那一刻，我才突然意識到「教導」這個責任的沉重，也因此畏縮了起來。就這樣，我淪落為一個邊在教室裡洗衣服、邊要求學生自習的老師。不僅如此，我甚至同時與兩位男性訂婚並辭掉工作；不久之後，就因病發而進了肺結核療養所。

三年的時光流逝，我過著一成不變且飄渺空虛的生活，在療養所中毫無目標地度日。有一天，正在讀醫大的童年玩伴前川正出現在我的眼前。他雖然同樣度著療養生活，卻與我截然不同：他是一個在教友家庭中長大的基督徒。一年後，我收到他送的《新約聖經》。在那本被讀舊了的《新約聖經》扉頁上，題著以下的落款：

「爾等要互相背負重擔」

遞給我《聖經》的時候，他說：

「你和我一起從頭開始每天讀《聖經》好嗎？」

我點了點頭。至於，從剛見面直至點頭的這一整年，說來話長，在此略過不提。總之，從點頭的那一刻起，我愛上了他。

## 先認識耶穌的身家背景

可是，當時的我，心中依然緊緊盤據著那些虛無飄渺的思想（他送《聖經》的一年前，同樣也有人送給我過，可是我連翻都沒翻）。我打開他送給我的《新約聖經》第一頁，上面寫著：

亞伯拉罕之子，大衛之子耶穌基督的族譜②

教我大吃一驚。緊接著，就是片假名拼出的數十個人名。我應該算是喜愛閱讀的人，經常涉獵歐美的翻譯文學；因此，就算是以冗長的自然描寫作為開場白的小說，也不至於讓我卻步。但是，這本《新約聖經》的第一頁，竟然那麼不可親！

—亞伯拉罕【亞巴郎】

—大衛【達味】

② 編者按：本書中如果引述《聖經》原文，原文部分都以楷體顯示。除非另外說明，經文都依據《思高本聖經》的譯文。

聽我這樣說，手邊有《聖經》、或是讀過《聖經》的人應該足以明白。可是，沒有讀過《聖經》的人，恐怕就完全無法想像，那是個多麼不可愛的開場白。在這裡，我想完整引述《馬太福音》第一章關於族譜的部分。看了下述的開場白，如果還有人覺得「哇！讀起來真有趣！」、或是「多麼精彩的開頭呀！」，請千萬要寫信告訴我。

> 亞伯拉罕之子，大衛之子耶穌基督的族譜：亞伯拉罕生以撒，以撒生雅各，雅各生猶大和他的兄弟們；猶大**由他瑪生**法勒斯和謝拉，法勒斯生希斯崙，希斯崙生亞蘭，亞蘭生亞米達布，亞米達布生拿順，拿順生撒門，撒門**由喇合生**波阿斯，波阿斯**由路得生**俄備得，俄備得生耶西，耶西生大衛王。
>
> 大衛**由烏利亞的妻子生**所羅門，所羅門生羅波安，羅波安生亞比雅，亞比雅亞撒，亞撒生約沙法，約沙法生約蘭，約蘭生烏西亞，烏西亞生約坦，約坦生亞哈斯，亞哈斯生希西家，希西家生瑪拿西，瑪拿西生亞捫，亞捫生約西亞，約西亞在巴比倫流徙期間生耶哥尼雅和他的兄弟們。流徙巴比倫以後，耶哥尼雅生撒拉鐵，撒拉鐵生所羅巴伯，所羅巴伯生亞比玉，亞比玉生以利亞敬，以利亞敬生亞所。亞所生撒督，撒督生亞金，亞金生以律，以律生以利亞撒，以利亞撒生馬但，馬但生雅各，雅各生約瑟、馬利亞的丈夫，馬利亞生耶穌，祂稱為基督。③（粗體字為筆者自標）
>
> ——《馬太福音》【《瑪竇福音》】一

怎麼樣？究竟有多少人一字不漏地將這個族譜從頭到尾讀完呢？我因為和前川正約好不要跳著讀《聖經》，只好每個字都看了。只要讀這麼一小段，馬上會明白什麼叫乏味。因此，我才讀到一半，態度就開始變得隨隨便便，滿腦子胡思亂想：如果對方是自己的男朋友，要選那個名字比較適合？（我不怎麼喜歡烏西亞，所羅巴伯聽起來則是有點噁心。）④就這樣，我一面在心中胡亂想像，一面勉強自己讀了下去。

然而，二十七年後的今天，情況就大不相同了。這其實與下述的例子有點類似：對日本人而言，只要看到「織田信長、明智光秀、豐臣秀吉、德川家康」這幾個名字，馬上瞭解那是按照他們取得天下的順序排列；諸如這幾名人物的性格、相關事件及小故事，也逐一且鮮明地浮現。也就是說，現在的我已經絲毫不感乏味，甚至可說是津津有味地研讀這份族譜。話說回來，從這份族譜我們也可以看出，《馬太福音》是為猶太人所寫的《福音書》。

根據巴克萊⑤所寫的註解集，對猶太民族而言，每個人背後的族譜都是叫人相當感興趣的東西。

---

③ 關於《馬太福音》耶穌族譜的敘述，基督新教與天主教的人名翻譯並不相同，詳見本書第88～89頁。

④ 編者按：括弧內是原書所特別標示的作者內心話，特用括號標起來，並以小字顯示。

⑤ 編者按：巴克萊（William Barclay）一九〇七～一九七八，蘇格蘭人，格拉斯哥大學（University of Glasgow）神學和《聖經》評論教授。本文作者在本書中所指的是，巴克萊所著的十七冊的《每日研經叢書》（*The New Daily Study Bible*）。本文所指是對《馬太福音》的註釋，中文譯本為基督教文藝出版社的《馬太福音註釋》和《馬太福音註釋下冊》。馬太為和合本聖經的譯名。

因為猶太人崇尚民族血統的純正性，只要你的血液中摻有一滴外國人的血，就沒有資格自稱是猶太人。因此，凡是從事侍奉天主這個職務的祭司，都必須提交自己的族譜。連妻子的族譜，也必須至少清楚地上溯五代以上。然後，這些族譜將會妥善保存在同一個地方。傳說當時的希律王因為自己其實是以東人與猶太人的混血，甚至還殺了登記官，想湮滅證據。所以，對猶太人而言，族譜就是如此重要、並能引發人相當興趣的東西。

我幾乎可以想像，當年猶太人翻開《馬太福音》第一頁後，細細審視這個叫「耶穌」的三十出頭青年背後之族譜的神情。猶太人熟讀他們奉為法典的《舊約聖經》，也因此熟記其中出現過的人名。因此，對他們而言，耶穌基督那串有著眾王名號的族譜，想必具有相當的分量。

不過，我聽過幾次關於這份族譜的講道，得知在那值得誇耀的外表下，暗暗隱藏著許多問題。我剛剛在引用經文時以粗體字強調的部分即是。

一、猶大由他瑪生法勒斯和謝拉

這位他瑪其實是猶大的兒媳婦，她與公公猶大之間生的雙胞胎叫法勒斯和謝拉。這個媳婦打扮成娼婦的樣子誘惑了公公，詳細內容可見《舊約聖經．創世記》第三十八章。做出如此駭人之事的角色，竟也被毫不隱藏、堂而皇之地登錄進族譜中。

—祭司【司祭】

—希律【黑落德】
—以東【厄東】

—他瑪【塔爾瑪】
—法勒斯【培勒茲】
—謝拉【則辣黑】

二、撒門由喇合生波阿斯

這位喇合是個娼婦，關於喇合的故事也可以在《舊約聖經》中找到⑥。

三、波阿斯由路得生俄備得

《舊約聖經》中有一卷書叫《路得記》，描寫婆媳之間的美麗感情。路得雖然是個心地善良的媳婦，卻也是猶太人所忌諱的外國人。對於猶太人而言，那樣的出身會是個想極力隱瞞的要素。在這份族譜中，卻被毫不忌諱地寫了出來。

四、大衛由烏利亞的妻子生所羅門

我想讀者應該都知道大衛王這個名字，因為他的樣子常被後人用雕刻或繪畫⑦的方式留傳下來。大衛有個兒子叫所羅門，所羅門的母親卻如族譜上所說，是一個叫烏利亞之人的妻子。

烏利亞是大衛王的屬下。有一天，大衛從王宮的屋頂上，窺見了一個正在洗澡的女人。國王的一顆心，馬上飛到那個連遠觀也美得不得了的女人身上。他立刻派人將她召來，與她同寢。那女人就是當時正在外邊打仗的烏利亞的妻子。過了不久，女人懷孕了。

⑥ 喇合是耶里哥城【耶利哥】城的妓女，故事請參閱《約書亞書》【《若蘇厄書》】第二章到第六章。

⑦ 編者按：例如，米開朗基羅（Michelangelo）現存於佛羅倫斯學院的大衛像。

撒門【撒爾孟】—
喇合【辣哈布】—
波阿斯【波阿次】—

路得【盧德】—
俄備得【敖貝得】—

大衛【達味】—
烏利雅【烏黎雅】—
所羅門【撒羅滿】—

在律法嚴苛的猶太社會中，即使外遇的對象是國王，「不可姦淫」⑧這條法令也是嚴不可侵的。

大衛為了推掉懷孕這個責任，把烏利亞從前線叫了回來。但是，忠義耿介的烏利亞掛念正在打仗的戰友，無心與妻子溫存；因此，他並沒有回到妻子身邊，反而在城裡過夜。後來，大衛便使出奸計讓烏利亞戰死，將他的妻子佔為己有。

## 耶穌的媽媽

類似這樣的事件，所有的猶太人都記得一清二楚。因此，耶穌基督的族譜中並非只有聖人登場。相反的，猶太人所厭惡的外國女人、通姦的男女、娼婦等卻被挑出來寫下。從這一點我們便可以清楚看出基督宗教的基本思想：對所有人一律平等、沒有歧視。

另外，它也敘述了天主子基督，降生在如此罪惡深重的世界裡。正因為這個世界充滿汙穢，才更凸顯了耶穌誕生的神妙。可是，我是在開始上教堂後，才逐漸知道這些道理。剛開始讀《聖經》時，心中總是充滿問號。

很羞恥的是，我以前一直以為「耶穌．基督」是一個完整的人名，也就是說，我以為「耶穌」是出身於姓「基督」的家族。其實，「耶穌」是名字，「基督」則是救世主的意思。我一直到後來才總算明白。不過，誤解的人應該也不只我一個。

我所屬教會的前任牧師曾說過，他小時候連耶穌是男是女都分不清楚。有一天，他悄悄地問了哥哥，哥哥便叫他去讀英文版的《聖經》。他讀了以後，終於知道耶穌是He（男性的他）。我讀《聖經》的時候，同樣也抱持著幾個類似的疑問。不過，上述耶穌的族譜雖然看似無趣，對我而言卻像是第一道關卡。在第一頁就過不了這道關卡的人，永遠無法發覺《聖經》中堆積如山寶藏般的精彩世界。

過了第一關，緊跟著又有另一關等著。你非得通過一個接一個的關卡，才能真正地將《聖經》緊緊握在手中，當成比自己生命更為寶貴的東西。緊接在耶穌族譜後的關卡，就是我接著要講的這件事。

> 耶穌基督的誕生是這樣的：祂的母親馬利亞許配於約瑟後，在同居前，她因聖靈（天主的靈）有孕的事已顯露出來。

我覺得，《聖經》真的是一部相當有意思的書。從地球誕生以來，不知有多少人降生在這個世界上，但是從來就沒聽過處女因聖靈而懷孕生子的事情。把這種叫人難以置信的事情大剌剌地擺在《新約聖經》的第一頁，豈不像是對著那些滿懷熱忱想讀經的人

約瑟【若瑟】
聖靈【聖神】

⑧ 編者按：參見摩西【梅瑟】《十誡》，見於《出埃及記》第二十章第十四節。

大潑冷水嗎？我暗自覺得，在剛開始的時候，應該寫些叫人更容易認同的東西才對嘛！然而，在《新約聖經》的第一頁裡，之所以記載著如此「荒唐無稽」之事，或許就因為它本身是不可動搖的事實。聽我這樣說，搞不好會有人忍不住失笑。

十幾年前，我曾在報上讀過醫學專家的報導。研究證明，經由某種大震動，可以促使卵子單獨進行分裂，處女也可能因此而懷孕。那是學者用針數萬次刺激卵子的研究成果。當精神或肉體受到巨大的衝擊時，在不需要精子的狀況下，卵子也有可能自行分裂，以致受孕之學說因此確立。

從古至今的每個禮拜天，在世界各地的教堂裡，總有無數的人重複宣讀誦念著〈信經〉⑨：「祂因聖靈降孕，由童貞馬利亞誕生……」。在這眾多的基督徒中，從來不乏世界級的科學家與醫學人員。也就是說，就算是聲名遠播的科學家，只要他們是基督徒，便毫不懷疑處女懷胎的真實性。

總之，《聖經》是信仰的書，裡面有很多奇蹟故事，是我們現代人所抱持的知識還不足以解釋的。不過，這些《聖經》中的奇蹟異事，也已經承受兩千年歷史的疑問與批判了。因此，我們似乎也不該草率下定論，而更應以謙遜的態度來看待它才對。

## 福音就是好消息

《馬太福音》指的是一個叫「馬太」的人所撰寫的《福音書》。（也有人說那其實是馬太蒐集資料編寫成的，真正作者不明。）「福音」意指「好消息」。而《福音書》中寫著耶穌一生的故事：耶穌從天主那裡，為世界帶來了好的訊息、希望。《聖經》裡共有《馬太福音》、《馬可福音》、《路加福音》、《約翰福音》四部《福音書》。除了《約翰福音》以外的三部被稱為「共觀福音」，因為它們講述的內容大致相同，也以類似的角度描寫，可以對照參看，因此被這樣稱呼。只有《約翰福音》，有著不同的文體與內容。

另外，《新約聖經》裡還有講述宗徒們信仰與傳教活動的《使徒行傳》、宗徒們所寫的書信及《啟示錄》。為了能夠順利翻閱《新約聖經》，我學了一首有趣的歌。這首歌相當實用，因此把它記錄於下，曲子則是採用鐵路歌曲中的「汽笛一聲過新橋」。

一、馬太－馬可－路加－約翰
使徒－羅馬－哥林多－加拉太
以弗所－腓立比－歌羅西－帖撒羅尼迦
提摩太－提多－腓利門－希伯來

《約翰福音》【《若望福音》】
《馬可福音》【《瑪爾谷福音》】
《使徒行傳》【《宗徒大事錄》】
《啟示錄》【《若望默示錄》】

⑨ 編者按：作者這裡所指的是〈使徒信經〉【〈宗徒信經〉】（Symbolum Apostolorum 或 Credo Apostolorum），大約寫定於第一、或第二世紀對信仰的宣告，並對抗諾斯底主義（Gnosticim）等異端。現在的天主教、東正教、新教的長老會、聖公會、信義宗等在一些禮儀中誦念這篇信經，但翻譯成中文的文字有異。除此，還有〈尼西亞信經〉（Symbolum Nicaenum 或 Symbolum Niceno-Constantinopolitanum）和〈亞他拿修信經〉（Symbolum Quicumque 或 Symbolum Sancti Athanasii），與〈使徒信經〉並稱為「三大信經」。

二、雅各－彼得前後書
約翰三書－猶大－啟示錄
《舊新》兩約一起數
《聖經》共有六六書⑩

當然，為了方便詠唱，歌裡面會把腓立比簡稱為「腓立」，把歌羅西簡稱成「歌羅」……等。這首歌一旦記熟了，翻閱《新約聖經》就相當方便了。

另外，《聖經》有著很多不同版本的翻譯，我採用的是日本聖經協會所譯的白話文版，接下來在本書中引用的也都是。

不管怎麼說，《新約聖經》畢竟是由二十七卷著作組成的套書，如果要把每本書拿出來細細說明，就算有再多的篇幅也不夠發揮。所以，在這裡只挑出幾個讓我心有所感的章節，做重點式的介紹。

即使如此，還是得事先聲明，因為我只是個普通信徒，沒有對《聖經》做過特別的研究，出自本身的獨創性思考也很少；所以，我不過是將幾本參考書裡的內容拿來引用罷了。

## 耶穌要講重要的話了！

在我還沒開始讀《聖經》之前，就已經聽過「登山寶訓」⑪這個詞了，但是卻總對「寶訓」這兩個字帶著潛意識的反感。我想，人體內大概天生就有一種反抗教訓的本性吧！

「過來！給我坐在這裡！」

說話者肯定不是什麼普通人物，而一般人的心中應該也都會忐忑不安的想著：「糟了……大概要被罵了！是因為最近頂嘴？還是考試的成績不夠好？啊！會不會是他們知道了我和朋友打架的事？」如果被父母親這樣一叫，還可以擺出心不甘情不願的樣子，一邊思索，一邊慢吞吞地坐下。話說回來，最近會叫孩子「給我坐在這裡」的父母好像也不常見了。

這個現況先略過不提。不管我們到底喜歡不喜歡「寶訓」這兩個字，這個「登山寶訓」，卻是《馬太福音》中相當重要的一部分，少了這一段，這部《福音》就難以成立。《馬太福音》第五章第一節到第二節這麼記載：

**耶穌一見群眾，就上了山，坐下；他的宗徒上他跟前來，他遂開口教訓他們說：**

---

⑩ 編者按：作者使用的是新教通行的《聖經》，共六十六篇，這和天主教、東正教的篇卷數不同。差別在於所承認的《舊約》篇卷有異。

⑪ 編者按：天主教稱為「山中聖訓」。

這簡簡單單的幾句，讀了應該不會有任何疑問吧？沒有一個地方難到需要特別註解，也沒有什麼艱深的用語。可是，根據註解書的說明，用了「坐下」這個詞，其實是要告訴我們接下來要講的內容，絕對不可以輕鬆帶過。

在我讀女校的時候，有一位老師總喜歡在講台與學生之間來回走動，有時坐在講桌上、有時則跨坐在窗邊教課。他那樣做並不是因為態度不正經，卻是挑戰當時所認定的刻板形象。然而，一旦遇到那位老師認為是重點的地方，他一定回到講桌前站得筆直，一絲不苟地教導我們。

耶穌當年一定也是如此，有時站立、有時則邊走邊宣講天主的真理。可是，當他要傳達真正重要的訊息時，一定會坐下來講。在那之後寫著「他遂開口教訓他們說……」，按希臘文⑫的語法，這是在即將宣布相當嚴肅的內容時，才會使用的修辭手法，並且具有「以熱誠交流靈魂之態度教授事物」的意思。瞭解這樣的前提，我們大概就不難想像「他的宗徒上他跟前來，他遂開口教訓他們說：」這個描述裡，宗徒們一臉緊張的樣子了。

在那個時候，宗徒們大概是全心放在照料大批群眾的事情上吧！可是一見到耶穌坐了下來，他們便隱隱察覺到「今天的教導好像很不尋常」，因此起身上前。如果耶穌沒有這個習慣，聽講的人也就難以意識到，接下來所要講的是重要的話，空氣中應該就不會瀰漫著那樣緊繃的張力才是。

想聽道理的人，一發現老師坐下，應該會馬上以準備受教的態度跟著坐下，宗徒們心中想必存在著那樣的默契。在那之後，群眾一定也跟著宗徒專心傾聽耶穌所說的話。

## 另一個角度看「幸福」

我把登山寶訓中耶穌所講的話抄錄在後面。其實，讀《聖經》時一字不漏的讀是相當重要的一件事。如果只隨自己的喜好挑著讀經，必定會導致自我專斷的想法，更容易產生誤解。

神貧的人是有福的，因為天國是他們的。
哀慟的人是有福的，因為他們要受安慰。
溫良的人是有福的，因為他們要承受土地。
飢渴慕義的人是有福的，因為他們要得飽飫。
憐憫人的人是有福的，因為他們要受憐憫。

⑫ 編者按：《馬太福音》原文為阿剌美文寫成，現存最古老的版本是西元七十年左右的希臘文譯本，成書年代介於《馬可福音》和《路加福音》之間。

心裡潔淨的人是有福的，因為他們要看見天主。
締造和平的人是有福的，因為他們要稱為天主的子女。
為義而受迫害的人是有福的，因為天國是他們的。

——八福【真福八端】

這段話被稱為「八福」。然而，我們普通人看到「幸福」一詞時，最先聯想到的是什麼呢？

金錢、地位、健康、外貌……等，應該就是在心中最先浮現的字眼吧?!但仔細想想，這些被我們視為幸福的條件，其實多麼不穩定、不可靠。金錢，是個極其容易失去的東西，況且，有錢並不一定能給人帶來幸福。雖然富裕，丈夫卻素行不良，導致妻子每日以淚洗面的案例不勝枚舉。

「真懷念從前和丈夫一起過苦日子的時代呀！」在我所認識的女性口中，這樣感嘆的還真不少；在我的周遭，因為金錢問題而導致夫妻失和、兒女生活混亂的例子也很多。其中有個悲劇是，一個進入反抗期的兒子，因為狂飆重型機車，發生車禍撞了人，最後連自己的命也丟了。

地位，也不能給人帶來真正的平安。坐在高位的人其實每天膽戰心驚，不知道什麼時候會從現在的好位子跌下？或什麼時候被別人取代？為了保護現有的地位，醜惡的明爭暗鬥從不間斷，這就是每天在報紙上看到的政治家們的現況。

健康也是令人難以掌握的。我常聽說人體是疾病的溫床。仗勢著自己身強體壯的人，往往在失去健康後陷入極悲慘的痛苦深淵。到今天為止，我不知已經探訪過多少病患，最常見到的情況就是，一向健康的人，卻忽然無助且漠然地躺在病床上流淚。不管是多富有或地位多高的人，一旦染病上身，幾乎所有人頓時都變得脆弱無比。我們夫妻倆都有大病纏身的經驗，很能體會那種無助感。

如果被問到什麼是幸福的祕訣，會有幾個人像耶穌這樣回答呢？

「神貧的人是有福的」、或是「哀慟的人是有福的」。

有誰能夠真的講出這樣的話來？這是叫我們跌破眼鏡、想破腦袋也擠不出的幸福觀。耶穌卻堂而皇之、大聲昭告了這個充滿魄力且真實的話語，瞬間撼動並逆轉了世界上原有的幸福觀。

我認為，在這段宣講真福的言談中，「神貧的人」首先被提起，有其深刻的含意。在神貧的人手中，並沒有什麼值得誇耀的東西。沒有錢、沒有地位、身體虛弱、學問又不高。他們正因為本身沒有任何可依靠的東西，因此學會謙遜，是會在天主面前低頭的人。

## 天國在我的心中

耶穌的目光，總是放在這樣弱小的人身上；耶穌的愛，也總是灌注於如此謙遜的人身上。耶穌最不喜歡的，是那些自以為是的人。他們心中總是想著（我真是了不起！又有學問又有錢，大家都尊敬我），並因此自我誇耀。對於認為自己沒有什麼東西值得驕傲的人，耶穌必定毫不保留地給予無限的愛；但如果是狂妄自大的人，祂便會嚴厲而毫不留情地指責。

仔細想想，當我們站在天主面前時，手中能夠持有多少真正值得驕傲的東西呢？想要進入天國（天主所掌管的國度）時，我們又能帶著什麼樣的東西去？裝滿金塊的袋子在天國一文不值；就算擁有崇高的地位，也不會因此讓你先通過天國的大門。在天主面前仍然有效的，就只有「神貧」這一樣而已了。那就是謙遜而真誠地說出「我沒有什麼值得誇耀的東西」的人。

就算曾經幫人一把或行過善事，在天主面前也算不上是什麼功勞。因為，如果連那樣微小的善行都拿出來炫耀，豈不跟驕傲的人沒兩樣嗎？更何況，我們每天都犯著比那微小善行大過千萬倍的罪呢！

在天主眼中，人類畢竟只是「不可避免之犯罪」般的存在。因此，我們在主面前，最應該做的第一件事，即是抱持謙遜的態度說：「主呀！我是個罪孽深重的人。」

這看來簡單，做起來卻一點兒也不容易。不管怎麼樣，人類就是沒辦法把自己看得那麼壞。然而，如果讓從出生至今認識的所有人，都肆無忌憚地批判我們，所得到的壞話與評斷恐怕會多得超乎想像。世界上絕對沒有任何一個人可以耐得住所有人的批評。

耶穌說的真對，「神貧的人……」也就是心靈貧乏的人，「天國是他們的」。耶穌所講的這份幸福，絕對不會浮游不定，也是別人永遠無法從你手中奪走的真福。

## 被愛改變的稅務員馬太

這位撰寫《馬太福音》、名叫馬太的宗徒，究竟是個怎麼樣的人物呢？不知道為什麼，寫到這裡，我忽然無法不去想像這個問題。感覺有點像是讀完了一本很棒的小說後，想對作者多瞭解一點。我曾經試著想像，正在專心聆聽耶穌說話時的馬太面部表情。聽到以上的訓話時，馬太心裡究竟做何想法？

（我到底算不算是神貧的人呢？從來沒想過自己原來如此傲慢！）

當時馬太心裡所浮現的，恐怕就是仍從事稅吏（負責徵收稅金的人）工作的自己吧！是的，馬太跟隨耶穌之前是個徵收稅金的人。

「稅吏」是一份多麼苦不堪言的工作！就連我們現代人，也不可能對稅務機關抱持什麼好感。並不是對稅務人員本身有著什麼個人的好惡，而是因為稅務員所代表的正是不尋常的重稅制度。

在耶穌生活的時代，大家對待稅吏的態度，可不像現代我們看待稅務機關那麼寬鬆。當時以色列被羅馬佔領，因此除了繳稅給本國政府之外，猶太人還得向羅馬帝國納稅，也就是付出雙重的稅金。對猶太人來說，生活是多麼的備受屈辱且苛刻！在那樣的情況下，稅吏不但毫不留情地徵收稅金，還從中取利、中飽私囊。因此，他們會受到人們激烈的厭惡與輕蔑，也是想當然耳的事了。

從前的馬太恐怕也是這類殘酷貪婪稅吏中的一人。當時，就連在路上行走、過橋都得支付通行稅。因此我們應該不難想像，當時的稅吏非常容易致富。但是與財富成反比的是，他們必定也會失去朋友，淪落到被同胞厭惡的下場。

對於那樣的生活，馬太想必開始感到厭倦並深感空虛。更何況，比起那些被他徵稅的同胞，馬太更能體會到掌權者羅馬帝國可怕的力量，因此，他一定也更能理解，那種不得不向羅馬政府搖尾乞憐及獻媚的深切悲哀。

就這樣，我們可以很輕易地想見，馬太開始對這個被眾人嫌棄的稅吏職務萌生厭惡感，而且日積月累、越來越深。

在《馬太福音》第五章第四十六節裡，馬太如此記載了耶穌的話：

你們若只愛那愛你們的人，你們還有什麼賞報呢？稅吏不是也這樣做嗎？

曾經當過稅吏的馬太，其實可以用「罪人」一詞取代耶穌話語中的「稅吏」。但是，他卻非得把「稅吏」清楚明白地寫出來不可。我覺得，自己好像可以理解馬太的心情。

另外，在第十章的二、三節中記載著耶穌十二宗徒的名字。但是其中只有馬太的名字上還冠著「稅吏」這個職稱，在其他宗徒的名字上，並沒有標註他們的個人職業。

## 「稅吏馬太！」

對馬太而言，這個稱呼是個絕對無法忘懷的恥辱。為了讓自己時時記起過去的罪行，他別無他法，只能繼續使用「稅吏馬太」這個名銜。這就是馬太的作法。

有一天，被眾人輕視厭惡的稅吏馬太，引起了耶穌的注意。耶穌看著馬太，對他說：「跟隨我！」耶穌一定是從馬太臉上清楚看見了他空虛寂寞的內心吧！馬太馬上起身，跟隨了耶穌。

跟隨耶穌，代表的就是與過去的徵稅職務完全切割，也代表著必須捨棄至今所得的莫大財富。馬太毅然決然地捨棄了一切而跟隨耶穌，究竟是為了什麼？因為他在耶穌的眼裡見到愛，也見到了慈悲。在眾人眼中所見的輕蔑與冷漠，在耶穌身上卻完全感受不到。就這樣，馬太揮別了舊生活，轉而進入全然的新生。他拋棄了自己的舊名「利未⑬」，改名為「馬太」，這個名字的意思是「天主的禮物」。

利未【肋未】

⑬ 編者按：請參見《馬太福音》第九章第九到十三節。亦可參考《馬可福音》第二章第十三節到十七節。

對這樣的馬太而言，這句耶穌的話——「神貧的人是有福的，因為天國是他們的」，想必像滲入細沙中的清水般，滲透了他的心吧！在馬太的手中，再沒有任何值得誇耀的東西了。

## 面對真實的自我

接下來，耶穌說：「哀慟的人是有福的，因為他們要受安慰。」讀到這裡，我們會怎麼想呢？在剛開始讀《聖經》的時候，我對這句話可以說完全無法理解。（把哀慟說成幸福，是多麼冷酷無情的事呀！也不為那些悲傷的人設身處地想想……）我當時的確是這樣想的。從讀者寫來的信中，也曾多少看到類似的體驗：

「我生來體弱多病，結婚以後也無法生育。每次走在街上看到挺著大肚子的人，總叫我嫉妒得簡直要發瘋。像我這樣的悲傷，為什麼那個叫耶穌的人會稱之為幸福呢？」

另外，也有像這樣的內容：

「我失去了唯一的獨生子。好不容易等到孩子快要升高中，他卻突然得了急病，三天就死了。對於《聖經》中提到『哀慟的人是有福的』那段話，我真有說不出的痛恨。」也難怪他們那樣想。

如果有人問道：「你為什麼悲傷？」我們究竟會如何回答呢？畢竟這個世界上令人哀慟的事情多得不勝枚舉。

父母百年、伴侶故去、兒女先自己而去、兄弟姊妹棄世、丈夫不專情、妻子不守貞、離婚、孩子變壞、親人犯罪，此外還有病痛、不和睦、家業不振、失戀……等等，數也數不清。在如此眾多的悲傷包圍下，我們喪失了分辨「何謂真正的悲傷」之能力，反而渾渾噩噩地度日。

可是，一定還有什麼是人真正應該感到哀痛的東西。譬如：自己的不誠實、自己的罪、自己的醜惡、軟弱、不貞、氣量狹小、嫉妒……等等。這些東西才真正是我們應該感到悲痛的吧！

因此，雖然我們總容易認為哀慟是外在因素所引起，但是人類真正懷抱的哀慟，卻深藏於自己的內心，也就是因為自己的不堪導致無法進入天國的事實。這應該是眾多內在哀慟中最大的悲哀吧！這個悲哀才是我們人類所應抱持最重要的哀慟，也只有它才能昇華、提升種種外在悲傷的深度。

貧窮的哀慟，只要有了金錢就能解決；面對孩子誤入歧途的哀慟，只要設法引導孩子回歸正路即可解決；生病的哀慟，只要恢復健康就能平復；與親人死別的哀慟，也可以隨著時間流轉而淡化。這些能想到的各種哀慟畢竟淺薄，若與隱藏於自己內在深層、核心、又無法解除的痛苦相較，想必就會顯得微弱。

如果能夠把內心的哀慟帶到天主面前，那才稱得上是耶穌所說「哀慟的人」吧！雖然在白話文中的《聖經》寫著：

哀慟的人是有福的，因為他們要受安慰。

在文言文版中，卻是這樣寫著：

福哉！哀慟者。俾彼等受慰焉。

文中的這句「福哉」，在原文中有著「啊啊！多麼有福氣呀！」的意思，應該是為了表現耶穌的感嘆口氣吧！況且，句子指出的，並非不知何時才會實現的未來式，而是當下即在幸福中的現在進行式。換句話說，它指出了現在正蒙受著天主祝福的事實。因此，文言文版中的「福哉」，似乎比較貼近原文的表現手法。也就是說，當你身處哀慟，其實你已經身在天主的祝福之內了。同樣地，不為自己的罪感到哀慟傷心的人，便無法得到天主的祝福。

接下來，如果你能夠將前述的八福，一句句慢慢地品嚐，檢視自己的生活態度，就能發現箇中滋味。關於《聖經》，搞清楚是在什麼年代、或在何處寫成固然很重要；但是更要緊的是讀《聖經》時有沒有將它帶入自己的生活，反省思考，那才是最重要的。

所以，隨著閱讀的時期不同，發現《聖經》的深奧程度將會因此改變，理解也截然不同。面對著良心敏銳的人與良心愚鈍的人時，《聖經》中的語言應該也會以不一樣的手法發出光亮，讓人感悟。因此，我們似乎也能將《聖經》稱為自己良心的度量衡。

## 善變的良心

在此我想先插進一個別的話題，就是分享一些我所聽過關於良心的事情。我們常常會聽到像「別讓良心蒙羞」、或「不可以做違背良心的事」這樣的話。聽人家這麼一講，我們總會很放心地就信任對方了。然而，「良心」其實是很狡詐的東西。

自從和三浦結婚，步入兩人共度的新生活後，我對於這個詞彙就特別敏感。婚後第二年，我開始經營一家雜貨店。三浦幫我記帳，並始終嚴守每年除夕十二點整的年終盤點。

如果按照「我的良心」做事，我以為，必須專程在十二月三十一日的大半夜裡，裹著大衣一邊發抖，一邊盤點有多少枝鉛筆、多少顆糖果……這件事根本毫無必要。我們不也可以在除夕的兩三天前清點嗎？更何況，糖果也不必拿出來一顆一顆數嘛！只要寫個大概的數量，就算最後少了十幾個，又有什麼關係？

但是，如果依照著三浦的良心，年終盤點就非在十二月三十一日的晚上不可。他會說，早就訂好十二月三十一日，不能改變；而且年尾東西賣得特別好，若提早兩三天盤點，就容易出現很大的誤差。

糖果的數量也不可以含混帶過。就算只差了十顆，依然表示記帳不夠確實。對正直的他而言，含混了一顆糖果與含混了一千顆糖果，都是不老實。

由此可以看出，我的良心與三浦的良心有多麼大的差異。這不只在年終盤點時才會顯露，我所提的不過是其中一例而已。在日常生活中，我們兩人的人生觀也有著相當大的不同。

僅僅在夫婦之間，就有兩種不同的良心標準，如果又加了第三個人，就會再添加一種不一樣的良心吧！世界上作兩種帳本的人並不少，用假帳本來逃稅的人也存在。他們之所以會那樣做，說不定也是遵循著自已的良心標準。曾經有個作兩種帳本的人這樣說：「國稅局老是不肯相信我們的帳，叫人實在沒辦法。就算老實申報，還是會被懷疑，已經受過好多次類似的教訓了。」

同樣，世界上有搞了外遇卻不覺得良心蒙羞的人；同時，也會有「如果自已外遇，早就被良心譴責致死了」這種想法的人。

此外，就算是同一個人，隨著時間與場合的改變，良心尺度也可能有所變化。對於別人犯的錯，用相當尖銳的良心來指責；相對地，對於自已所犯的過失，卻以寬大的良心來辯護、合理化。在這個世界上，並沒有一個可以稱為良心基準的東西。

另外，世上應該也不存在兩顆一模一樣的良心。就算對於金錢上的良心準則相同，但在處理異性問題的良心上，也可能出現極大的差異。說了「別讓良心蒙羞」這句話的人的良心，可能是因為標準不高，因此不容易蒙羞；而宣稱「不可以做違背良心的事」的人，也可能只是因為事關他人而無關痛癢。

閱讀《聖經》的時候，良心總會不時出現在左右。因此，只要有一萬個人讀《聖經》，就會產生一萬種截然不同的結果：有人覺得無聊，有人覺得文學性豐富且有趣；有人則把《聖經》當作比自己生命還要貴重的寶物。

## 將心比心就是良心

那麼，《聖經》裡所說的良心準則又有多高呢？我們可以從下面的片段中看出端倪。

你們一向聽過給古人說：「不可殺人！」誰若殺了人，應受裁判。我卻對你們說：凡向自己弟兄發怒的，就要受裁判；誰若向自己的弟兄說「傻子」，就要受議會的裁判；誰若說「瘋子」，就要受火獄的罰。所以，你若在祭壇前，要獻你的禮物時，在那裡想起你的弟兄有什麼怨你的事，就把你的禮物留在那裡，留在祭壇前，先去與你的弟兄和好，然後再來獻你的禮物。⑭

你們一向聽說過：「不可姦淫！」我卻對你們說：凡注視婦女，有意貪戀她的，他已在心裡姦淫了她。⑮

⑭《馬太福音》第五章第廿一節到廿四節。

⑮《馬太福音》第五章第廿七節到廿八節。

在單口相聲中有個故事，講的是一個邊念經、邊抱怨的男人。我不知道故事中的男人是面對著誰念經，至少他本人就是自己的聽眾之一。通常，人會在一天中選擇心靈最清靜的時刻念經；故事中的主角卻連在那樣的時候，都嘀嘀咕咕地抱怨個不停，滑稽的樣子真叫人忍俊不住。不過，如果我們更深入地反觀自己，似乎又笑不出來了。

在我們家，早上起床後的第一件事是讀《聖經》與祈禱。不管交稿日期多麼迫近，也幾乎沒有省略過。慣例由外子帶領祈禱。在基督教的祈禱中，雖然也有默禱的形式，絕大多數場合還是以出聲祈禱為主。晨禱的時候，三浦至少會為兩百個人祈禱。我雖然在旁邊一邊聽、一邊祈禱，卻往往心不在焉，雜念頻生。（啊！現在三浦提到的那個人，現在不知道在什麼地方呢？他跟人家借了幾百萬後就消失無蹤，之後去了哪裡？過著怎麼樣的生活？可就沒人知道了。）

我總會如此，開始在心中暗暗叨唸著。有時則會帶著責備：

（現在祈禱提到的那個女人有偷竊的習慣，不知道這種習慣治不治得好？偷竊癖究竟是天生的？還是受後來環境影響的？）

本來，我應該為了那些人能早日認識主，歡喜地生活而祈禱，心卻不知不覺地偏了。這可不是什麼無關緊要的小事！這樣的我，不就和相聲故事中的男人沒兩樣嗎？連在一天中心靈最純淨的祈禱時間，我也那樣情不自禁地胡思亂想一通。那麼，在日常生活中不自覺湧出的雜念，還真不知道會是怎麼樣的情景！

## 罵人和殺人其實是一樣的

在這個世界上，能夠一整天連一次也沒在心中批判他人的人，究竟有多少？不道人長短的人又有幾個？

在前述的《聖經》中寫道：「誰若向自己的弟兄說『傻子』，就要受議會的裁判」和「誰若說『瘋子』，就要受火獄的罰。」那就是耶穌的倫理觀。

我們到底是以怎樣的態度看待這幾句話呢？如果光罵自己的兄弟是傻子，就得下地獄，那大概世界上所有的人都逃不了吧！

可是，讓我們再仔細想想，被判下地獄的重刑似乎也不冤枉。因為殺人與罵人在天主的面前是同樣的罪。殺人想法的萌芽，其實不正是由罵人這個種子產生的嗎？

「那個混蛋！」

「這傢伙！」

「根本不想看到那個渾球！」

說出此類的謾罵，是因發怒所引起的。一個人生氣的時候，不會想再見到對方的臉。不想再見到對方，換個極端的說法，也就是希望對方死掉。我們覺得別人不好、或對別人發怒時，其實也就是產生殺人想法的嫩芽了。或許我們從沒那樣想過，事實上兩者卻相等同。除非精神有問題，不然一個人是不可能在不發怒的狀況下殺人的。造成殺人的這個結果，其動機基本上是憤怒和憎厭。

當我們被別人責罵和說長道短時，難道不會傷心嗎？世界上被說了壞話、或因被罵而自殺的人可不少。因此，日本自古才會有句俗話說：「舌尖三寸能殺人」。這樣一路想來，我們發現，耶穌真是一針見血地看透了人類的真面目，叫人驚歎。

關於姦淫的問題也是。看到「姦淫」這個詞，總會叫我們先聯想到肉體上的關係。耶穌卻說，就算沒有真正的肉體關係，只要帶著情慾注視婦女，其實也就與姦淫同罪了。多麼嚴厲的倫理觀呀！

現代的日本並沒有通姦的罪名。不僅沒有，在最近的日本社會民情中，連「通姦」這個概念似乎也漸漸式微了。通姦、或姦淫等詞幾乎成了乏人問津的罕見字眼。哪怕是有夫之婦、或有婦之夫，只要喜歡，有什麼不可以？不只當事人這樣想，周遭的人也這樣想。

在小說或電視劇裡，經常可見類似鼓吹外遇的情節。說實話，這類婚外情或外遇引發的悲劇，給我帶來了不少困擾。

曾經有讀者寫信告訴我，她的丈夫愛上別的女人，從此不回家了。這樣下去實在沒什麼繼續過活的意義，因此想帶孩子一起自殺。這件事情好不容易解決了，又從別處來了另一封信，說他的妻子忽然丟下孩子離家出走了，那孩子後來也說要去找媽媽而離家，從此音訊全無，該怎麼辦才好呢？

短短一個月內，就接到好幾封提及類似問題的讀者來函。每次見到這種因父母外遇而引起的孩子變壞、自殺、縱火、精神失常……等事件，我總覺得，雖然法律上的通姦罪已經不再成立，當事者卻還是會因此受到莫大的傷害。雖然他們不被法律審判，但在某種角度看來，其實也就等於被審判了。

現代人究竟以什麼角度看待像「**凡注視婦女，有意貪戀她的，他已在心裡姦淫了她……**」這樣的話呢？大部分的人應該都會嗤之以鼻吧！

前陣子，在一個偶然的機會下，打開某本給小學生讀的故事書，發現裡面到處充滿了色情畫面，叫我們夫婦倆瞠目結舌。我們大略翻了一下那本厚厚的圖畫書，感覺它似乎想要教育孩子，從小就帶著邪念看女人一般。

有個年輕人在讀到《聖經》裡這個章節後，質問我說：「那麼，有情慾也算是犯罪嗎？」情慾本身當然不是什麼罪，就如同食慾本身不算是罪一般。可是，雖然食慾本身不是罪，也不可以拿肚子餓當理由，肆無忌憚地吃掉別人的東西。

有些《聖經》的版本將這句話翻譯成「凡注視別人的妻子，有意貪戀她的……」如果只將對象侷限在「別人的妻子」上，不就表示已婚男子可以懷抱著情慾注視未婚的年輕女性嗎？如此豈不又偏離了這個教訓的本意？如此一來，未婚男子又該怎麼做才好呢？諸如此類問題接踵而至。因此，就算我們想理解這個概念的正確含意，如果讀者本身的性觀念不夠純潔，這句話就只會淪為無稽之談了。

姦淫，並不只是法律上的問題，而是人類所要面對的實際問題。對於願意真心與人相處的人來說，這個章節想必帶來極大的震撼。有個男性朋友告訴過我：「這個章節最深入我心。」他的話叫我永遠也無法忘懷⑯。

## 「把左臉也轉給他」

接下來，讓我們來看看《馬太福音》第五章第卅八節至第四十節：

你們一向聽說過：「以眼還眼，以牙還牙。」我卻對你們說：不要抵抗惡人；而且，若有人掌擊你的右頰，你把另一面也轉給他。那願與你爭訟，拿你的內衣的，你連外衣也讓給他。若有人強迫你走一千步，你就同他走兩千步。

這段話相當有名，連我也在還沒讀《聖經》前就已聽過。記得自己曾經自大地向朋友吹噓：「右臉被人打了，還要把左臉也轉給他，那不過是弱者的倫理罷了！」

在這段話中，臉頰被打、內衣被拿走、以及被迫走一千步的三個例子，所要表達的其實是同一個啟示。

「以眼還眼」這個詞，來自被猶太人尊為法典的《舊約聖經》中的一條誡命⑰。我從前一直以為，「以眼還眼」這句話是為了挑撥人復仇，但是實際上並非如此⑱。

最近在報上讀過一則新聞，有個男人因為自己的車子被踢，就用車把對方碾死。如果有人踢了自己的車子，為了報復也去踢對方的車、或踢對方本人，聽起來才像是一筆勾消，不是嗎？真令人遺憾，正如這個事件所顯示的，人類這種生物只不過因為車子被踢，就能把恨意升級到想殺死對方的程度。

是否正是因為看清了如此可怕的人性，《聖經》中才會出現「以眼還眼」這個誡命呢？被傷了眼睛的人很容易被狂怒所激，以致於想取對方性命。所以法律才會先立下一個復仇規定：如果有人傷了你的眼，你最多也只能做到傷對方的眼，然後就算一筆勾消。

現在的法律也是一樣，損害賠償的金額，只能相當於你所受到的損害大小。在當時，不做過分報復的這條法令，被相當嚴格地遵守著。

但是，透過耶穌的教誨卻讓我們看見，應該以更高、更全面的觀點來看待人類應有的態度。要打對方的右臉，左撇子當然可以輕易辦到，可是大部分的人都是右撇子，因此可以想見一定是用右手的手背打人。巴克萊的解說中提到，在當時的習俗裡，用手背打人也有侮辱人的意思；同樣，被打者所感受到的恥辱，幾乎是用手掌打人的兩倍，想必是叫人相當難以忍受的屈辱。然而，耶穌卻要我們「把另一面也轉給他」。

⑯ 編者按：作者對於「姦淫」的詮釋，請另參《三浦綾子：《舊約》告訴我的故事》第九章。
⑰ 編者按：見於《出埃及記》第廿一章第廿二到廿五節中的一部分。
⑱ 編者按：作者對於「以眼還眼」的詮釋，請另參《三浦綾子：《舊約》告訴我的故事》第九章。

那樣的話，所承受的痛苦一定比剛剛受到的痛苦還大。不管怎麼說，用手掌打人的力道必定勝過用手背打的。

## 忍耐焠練勇氣

在這裡，我想起了一位小學教師時代的前輩。他是我們的學年主任，當年三十一歲，是位了不起的人物。頭腦好、工作認真，也很受學生和家長的歡迎。可是，非常叫人難以理解的是，有個同事經常用極其羞辱的言語謾罵他。

儘管如此，我卻連一次也沒看過學年主任變臉或回嘴。他永遠以柔和的態度默默承受所有侮辱，更不會在暗處數說對方。不管是誰，都不難看出這兩個人在人格上的巨大差異。說起來，簡直就像看著一個五、六歲的小孩挑戰劍聖宮本武藏⑲一般。

每每見到他們的樣子，我們總會越發尊敬學年主任。因為，就算那些加諸在身上的侮辱帶著犁背般地刺痛，他的精神卻絲毫不被侵犯。我們在他身上見到了無比豐富的感情，以及就算對方帶著敵意也無法得逞的自由精神。

這與「被打了右臉就把左臉也轉給他」有相似之處。唯有不被對方惡意所左右的自由意志，才能達到這種境界；也只有擁有積極向上力量的人才辦得到。

關於內衣也是。當時一般的猶太人雖然擁有很多內衣；普遍說來，每個人卻只有一件外衣。因此，就算有人拿外衣去典當，店家也得在日落之前把那件外衣還給他。儘管負債累累，穿外衣的權利依然不可侵犯。

可是，耶穌卻告訴我們，如果有人拿走你的內衣，就應該連外衣也一起讓給對方。對當時的百姓而言，這個論調簡直驚天動地！對於我們這些擁有很多件外衣的現代人來說，或許難以理解耶穌這句話所造成的驚恐。

如果事情在內衣被拿走的時候就結束，只會留下「被搶了！」的悲慘心情。但是，若連不可能被別人剝奪的外衣也一併奉獻給搶奪者，就好似把左邊的臉頰也轉過去一般，已經將之轉化為一種更積極、更自由，且無法被別人侵犯的生存方式了。

緊接著是，**「有人強迫你走一千步，你就同他走兩千步」**。這句話肯定也讓我們感到一頭霧水。然而，對於羅馬統治下的猶太人卻是家常便飯。屈居於被佔領地的猶太人，經常得在羅馬帝國的逼迫下做苦工；被逼迫搬運行李重物，也不算是什麼罕見的現象⑳。因此，耶穌的這句話，對他們而言並不單單只是個比喻，而是相當實際的生活問題。被羅馬士兵命令「走一千步」時，別說是一千步了，就算只走五百步也會讓猶太人生一肚子氣。因為，就算有再好的藉口都無法推掉這種無奈的指派。可見，對於嚐盡辛酸的猶太人而言，「走

⑲ 宮本武藏，天正十二年（一五八四）～正保二年（一六四五）。是日本江戶時期的劍道專家，書法繪畫的造詣也很高。他的故事是日本歷史電視劇、歷史電影和小說、漫畫常見的主題。所著的《五輪書》對現代日本有一定的影響力。

⑳ 編者按：就像耶穌被帶去釘十字架時，「遇見一個古利奈人，名叫西門，就強迫他背耶穌的十字架。」《馬太福音》第廿七章第卅二節。

—古利奈人【基勒乃人】

—西門【西滿】

兩千步」會是多麼不可思議的教誨！話說回來，在被人逼迫著走一千步路的時候，如果能以走兩千步的氣概去做，一千步感覺起來似乎也就不那麼煩人了。

我有個朋友，是那種被人說了千步，就會自己走五千步的人。學生時代的他，凡是遇上老師出繪畫作業，他一定完成五張，然後從裡面挑出最好的一張交出去。另外，還有個女性朋友也是這樣。家政課的時候別人縫一塊布，她肯定會縫好兩塊交出去。換成是我，可是連一塊布都會拖拖拉拉、哀聲載道，好不容易才勉強縫完。多麼大的差別！我所提到的這兩位朋友，到現在還一直以兩千步的生活態度，在各自的領域中頭角崢嶸。

由此可見，耶穌的教誨絕對不是我從前認知的弱者倫理。挨打還手，是連小孩子也做得到的事；如果只需完成被命令的事，就連小學生也辦得到。

相較之下，倘若我們想遵循耶穌的教誨，就必須有相當積極的態度與主見堅強的人生觀才行。話說回來，能夠講出這種大道理的耶穌，究竟是個怎麼樣的人物呢！

## 被讚美幾句就抖起來了

大約在七、八年前，曾經發生過這樣的事件。

有個三、四歲的孩子，看到朋友掉到池塘裡快要淹死，便飛快跑去通知父母，因此救了那個溺水的朋友一命。那個消息一經大幅報導，救人的孩子收到了很大的玩具做為獎賞，而他不管走到哪裡、遇到誰，總被大力稱讚。

在那之後，事件漸漸地被遺忘，孩子的生活也回復平靜，再也沒有人稱讚那個救人的孩子了。有一天，他故意把附近的小孩推落池中，再度匆匆忙忙地去向大人報告。可是，這次被推到池裡的小孩卻不幸溺死了。

剛得知這個消息時，我感受到極大的恐懼：為了想讓自己被別人稱讚，不惜將他人推下池塘。像這樣的思考方式，竟然已盤據在一個連東西南北還分不清楚的孩子心中。那麼，大人心裡的那些「想被稱讚」、「想受到認同」、「想被當成好人」的思想，不就早已紮根發芽，枝幹強硬到無法拔除的程度嗎？（我一邊這樣想，一邊與家人討論了這個事件。）這種「想被稱讚」、「想受到認同」、「想被當成好人」的想法，其實早就以各種不同的型態出現在世界上。舉例來說，製造小團體就是其中之一。

我想起前不久發生的一件事。有個人搭公車時被坐在隔壁的乘客糾纏不清。可能是因為過年，對方有點酒醉。也不清楚什麼動機，只見他一邊解開大衣領口，露出西裝外套上的胸章，一邊大聲炫耀說：「我可是××俱樂部的會員呢！看吧！這就是會員的胸章！」如此反覆說了好幾次，不肯罷休。

我這樣寫，讀者大概會以為那個酒醉男人隸屬於什麼流氓或黑道團體吧！沒錯，暴力組織的成員也別胸章。只不過，故事裡的那個男人卻是上流社會的名士，他所提到的也是個擁有世界性組織（我這樣一講，應該人人都心裡有數吧！）的俱樂部。要想成為該會會員，非是上層社會的名流不可。因此，男人才會如此引以為傲，硬要別人多看幾眼自己的胸章。

關於為什麼一定要別胸章這件事，一直令我覺得不可思議。日本的國會議員別胸章，市議會議員的身上也有。

究竟為什麼一定要在身上配戴著讓人一看就知道身分的東西呢？只要帶著身分證明文件㉑，需要的時候再拿出來不就好了嗎？我想那一定是某種從勳章延伸出來的觀念，而男人畢竟喜歡勳章。不不……不只是男人，只要是人，都會有「想被稱讚」、「想受到認同」的強烈慾望。

## 右手做的好事，不要讓左手知道

對於這種人，《聖經》中有一段發人深省的話。接著，就讓我們一起來讀讀《馬太福音》第六章的這段話。

你們應當心，不要在人前行你們的仁義，為叫他們看見；若是這樣，你們在天父之前，就沒有賞報了。所以，當你施捨時，不可在你們前面吹號，如同假善人在會堂及街市上所行的一樣，為受人們的稱讚；我實在告訴你們，他們已獲得了他們的賞報。當你施捨時，不要叫你左手知道你右手所行的，好使你的施捨隱而不露，你的父在暗中看見，必要報答你。當你祈禱時，不要如同假善人一樣，愛在會堂及十字街頭立著祈禱，為顯示給人；我實在告訴你們，他們已獲得了他們的賞報。

幾時你們禁食，不要如同假善人一樣，面帶愁容；因為他們苦喪著臉，是為叫人看出他們禁食來。我實在告訴你們，他們已獲得了他們的賞報。至於你，當你禁食時，要用油抹你的頭，洗你的臉，不要叫人看出你禁食來，但叫你那在暗中之父看見；你的父在暗中看見，必要報答你。

為什麼耶穌要提出這三件事呢？因為「施捨」、「祈禱」與「禁食」是當年猶太人宗教生活中不可或缺的三大支柱。

當時的猶太人大部分是貧民。一般人會挨家挨戶地要求施捨，然後將所得的東西全部交到會堂裡，以救助貧民。換成現代社會的說法，應該就像為了慈善救助，而挨家挨戶地請求募捐。對我們而言，那或許是一年一度的活動，在當時的猶太社會卻是每日必行之事。因此，有些屬於法利賽黨派的人，為了引起大家的注意，就專程跑到眾目睽睽的廣場去等待「行善」。

㉑ 編按：日本沒有身分證。

倘若在家回應那些上門募款的人，不就與其他人沒兩樣？所捐的金額再多，別人也看不到，就沒有被稱讚的機會了。因此，他們想必是為了受到讚美，才專程前去廣場施捨的吧！如果真的有心捐款，募款人來訪時全數捐出就好了，何必留著在外面做呢？真是醜惡不堪的行為。可見其目的不在施捨，卻在想要滿足被稱讚的虛榮慾望上。耶穌說：「不要叫你左手知道你右手所行的」。左手和右手原本就常在一起，但耶穌卻要我們在用右手做善事的同時，連左手都不能知道。真是嚴格不已的訓誨。

想想看，我們做了壞事會到處宣揚嗎？

「我偷東西了！」

「我剛剛說了你的壞話！」

「我盜用公款！」

「我收了賄賂！」

「我逃稅！」

「我背著你偷人！」

有人這樣大聲宣揚自己的罪行嗎？良心遲鈍的人，或許還會向別人吹噓自己成功逃稅、或有婚外情之類的事。但是，絕大部分的人都會想盡辦法隱藏自己做過的壞事。這時，會連右手做過的壞事都不想讓左手知道，總之就是隱瞞到底。然而，耶穌卻要我們隱藏做過的好事。如果只為了被稱讚、被認同才做好事，動機本身就已經稱不上是善行了。那樣的舉動不過是為了自己本身的利益；說起來並不是善行，只是披著行善外衣的利己行為。

祈禱也是一樣。祈禱是對天主的奉獻，是與神對話。依照猶太人的規定，每天早上九點、正午、以及下午三點，不管你身在何處，一定必須祈禱。法利賽人為了讓別人看到，會在祈禱時間快到的時候，專程經過人多的十字路口或會堂。時間一到，便在眾目睽睽之下展演祈禱。因為他們認為，與其一個人關在房間裡靜靜祈禱，不如在別人看得見的地方表現虔誠，才更容易贏得尊敬。

禁食也是，耶穌要求我們做的時候不可以讓別人看出來。因為在那個時代，眾人認為禁食也是虔誠的表現，會加以讚許。當時，每週有兩天法定的禁食日。可是，規定是規定，真要一週兩次完全不吃不喝，除非是信德與忍耐力都特別堅強的人，否則實在難以做到。相對地，正因為不容易做到，想炫耀自己正在禁食的誘惑也很強。耶穌毫不留情地指責了這一點。

## 驚濤駭浪中讓出救生衣

所謂信仰生活，就是相信並仰望天主；並非對「人」抱持期望，也不是為了得到他人讚美或認同才做事。一旦過於看重人類的評價，就等於無視於天主的評價。你究竟要

法利賽人【法利塞人】

仰望著天主生活，或是要仰人鼻息度日？耶穌在這裡狠狠地質問了我們。

「來自低處的稱讚毫無價值。」

這是羅傑．培根（Roger Bacon）㉒的名言。我們人類生來本不完美，哪有可能做出真正正確的評價呢？

但是，人並不容易滿足於所做之事僅讓天主知道；想要達到「只要天主知道就好了」的境界也相當困難。普遍上，人們總會不由自主地將期待放在他人身上，無論如何就想得人稱讚，無論如何就想被人認同。

仔細想想，我也經常陷入絕望的深淵，不禁質問自己：「這樣，妳也算是信主的人嗎」？

不過，對絕望時的自己而言，有件事總會帶給我無限的希望與安慰。關於這件事，我在小說《冰點》裡也提到過㉓。昭和二十九年（一九五四年）秋天，連結本州的青森和北海道函館之間的客船洞爺丸號，因颱風來襲而觸礁沉沒，數千名乘客中有一千零十一位在那個夜晚罹難。當時，船上有兩名外國傳教士，將自己的救生衣讓給一對年輕男女，自己卻因此罹難㉔。

最近有個讀者問我，書中這件事究竟是真的、還是我的創作？那當然是不可湮滅的事蹟。兩位傳教士中的一位——史東傳教士的照片，一直到現在還掛在我的房間裡。

他們將救生衣讓出來，並不是作給別人看。在船難緊急狀況下，任憑誰都會拼命求生，哪裡還有閒情逸致去管別人做了什麼？也就是說，這兩位傳教士在完全沒有人看到的情況下，自願放棄逃生的機會，將攸關性命的逃生器具讓給了別人。

我並不認為這兩位傳教士天生就是只仰賴天主生活的人，他們一定也和我們一樣有著人類的弱點。同樣地，某些時候一定也想聽到別人稱讚自己，並受到想被認同的誘惑。但是，他們努力依靠聖言的光照生活，因此能到達那種將自己的救生衣讓給別人、滿懷喜悅地邁向死亡、成就了殉道般的光榮境界。

總之，這兩人的行為動機，並非出於想得到旁人的稱讚，而是基於「就算沒人看到，天主也會知道」的強烈信賴感。能夠如此仰望著天主過活，本身就已是極大的酬報了。

即使如此，登山寶訓中的這些教誨：

若有人掌擊你的右頰，你把另一面也轉給他。
若有人強迫你走一千步，你就同他走兩千步。
不要叫你左手知道你右手所行的。

——登山寶訓【山中聖訓】

㉒ 編者按：Roger Bacon，一二一四～一二九四。方濟會會士、英國經驗主義哲學家。

㉓ 編者按：作者所著長篇小說《冰點》，是一九六四年十二月九日～一九六五年十一月十四日，刊登於《朝日新聞》的連載小說。

㉔ 該次海難，連同「日高丸」、「北見丸」等貨船，大約一千四百三十人罹難、四百人失蹤。是至今世界第四大海難。同時罹難的兩名宣教士是雷恩．李柏和史東。

真要執行起來還是相當不容易。深知人類弱點的耶穌，為什麼要求我們做如此困難的事情呢？我曾經對此抱持相當大的疑問，直到現在也還不算真正明白。我總覺得，耶穌是否想藉著這段話，讓渾然不覺且傲慢的我們，真正認清自身的軟弱？總而言之，「登山寶訓」這章節確實能讓我們瞭解到人類的能力有限。

## 開啟平安的門

講到這裡，我想起了一個真實的故事。

一位老先生到教會問牧師說：「有沒有『登山寶訓』呀？我很喜歡呢！老師你這裡有沒有呀？那實在是個好東西！」

「『登山寶訓』嗎？，在《聖經》裡就有……」牧師回答。

老先生卻說：「不是啦！我不要《聖經》！我只要『登山寶訓』啦！」

「可是，『登山寶訓』就是出自《聖經》的章節呀……」

這樣的對話表示，《聖經》裡這段「登山寶訓」實在相當著名。在此我無法完整介紹整個「登山寶訓」，只挑出幾個句子，希望能讓大家一句一句地慢慢品味㉕。

**你們是地上的鹽。**

你們是世界的光。
你們當愛你們的仇人，當為迫害你們的人祈禱。
祂使太陽上升，光照惡人，也光照善人；降雨給義人，也給不義的人。
你們若只問候你們的弟兄，你們做了什麼特別的呢？
你們應當是成全的，如同你們的天父是成全的一樣。
該在天上為自己積蓄財寶。
你們不能事奉天主而又事奉錢財。
不要為你們的生命憂慮吃什麼，或喝什麼；也不要為你們的身體憂慮穿什麼。
難道生命不是貴於食物，身體不是貴於衣服嗎？
你們先該尋求天主的國和它的義德，這一切（生活上的必需品）自會加給你們。
你們不要為明天憂慮，因為明天有明天的憂慮：一天的苦足夠一天受的了。
你們不要判斷人，免得你們受判斷。
你們求，必要給你們；你們找，必要找著，你們敲，必要給你們開。
凡你們願意別人給你們做的，你們也要照樣給人做（這句話被當成相當著名的黃金定律。相對的，另外有一個白銀教訓是：「己所不欲，勿施於人」。）

㉕ 編者按：「登山寶訓」是指《馬太福音》第五章至第七章。以下經文選錄自這部分。

—〈主禱文〉【〈天主經〉】

你們要從窄門進去，因為寬門和大路導入喪亡。
凡是好樹都結好果子，而壞樹都結壞果子。

以上只節錄了一小部分，光是在「登山寶訓」裡，就還有許多深觸我們內心的話。可是一直到現在，我都尚未提及「登山寶訓」裡堪稱精華的一部分，也就是耶穌教導我們的〈主禱文〉㉖。

開始上教堂的時候，有兩個無論如何都難以習慣之處。首先是聖歌。我天生是個音痴，上女學校時音樂成績老是拿乙，又看不懂樂譜。因此，音樂課對我而言是最無聊的一堂課。因此，當信徒們和聲齊唱聖歌時，總讓我產生被排除在外的疏離感。現代的音樂教育相當普及，應該很少有人像我一樣抱持反感了吧！甚至有許多人是因為被聖歌之美吸引，而開始進教堂。

另一個叫我感覺格格不入的，其實就是〈主禱文〉。牧師講道結束後，信徒們忽然用低沉的嗓音快速背誦起「我們的天父……」感覺相當詭異，甚至叫我起了反感。其次，會眾念的時候咬字不清晰、嘀嘀咕咕，聽起來簡直就像咒語。「不知道他們究竟在說些什麼」的心情，馬上冷冷地把非教友的我與他們隔開來了。

有些教會理解並體諒非教友的心情，會在誦唱〈主禱文〉之前說：「現在開始唱〈主禱文〉。請翻開聖歌歌本後半部第五百六十四首……。」

司儀說完後，會等到所有人都確實翻開歌本，才開始祈禱。可是，有些教會卻不翻歌本、也不理會手足無措的非教友，便馬上開始。因此，如果可以先把這段短短的〈主禱文〉記熟了再上教堂，或許就不會產生被排除在外的感受了。不，無論在何處，只要先做好心理準備，明白第一次去的地方難免有些不習慣之處，心情應該就會比較輕鬆。

## 祈禱就像是跟父親說話

耶穌在教導我們〈主禱文〉之前，曾這樣說：

> 你們祈禱時，不要嘮嘮叨叨，如同外邦人一樣，因為他們以為只要多言，便可獲得垂允。你們不要跟他們一樣，因為你們的父，在你們求祂以前，已知道你們需要什麼。所以，你們應當這樣祈禱……

在這裡提到，不要像外邦人一樣嘮叨地祈禱。《馬太福音》是為猶太人所寫的，因此常常出現像「外邦人」這種對照性用語。當時，有些外邦的祈禱儀式，會反覆呼喊

㉖ 編者按：亦即「Pater noster」。天主教稱為〈天主經〉。經文見於《馬太福音》第六章第九到十三節。《路加福音》第十一章第二到第四節也有類似的經文，但略有不同。

同一名號或簡短禱詞，不停地重複念上數個鐘頭。在日本某些宗教信仰中，也會看到不停重複同一句話的祈禱方式。因此，當時有些猶太人，開始模仿外邦人的祈禱方式。

此外，耶穌警告祈禱時別講個沒完。他指的是有人為了美化禱詞，而添加許多修飾語，以致於內容冗長。為什麼要雕琢祈禱的詞彙呢？因為，那並不是真心要獻給天主的祈禱，只是為了讓別人聽到，藉以炫耀自己。

我們所做的祈禱必須單單只奉獻給天主。就算需要在很多人面前祈禱，也要和自己一個人在房間裡祈禱時一樣，保持與主獨處的心情。因此，在公共場合的祈禱越短越好。話說回來，我們卻總是不由自主地傾向：獨處時禱文簡短，在人前反而說個不停。直到今天，基督徒還是經常被這樣警告著。

關於〈主禱文〉，在《路加福音》第十一章裡也曾經提及。《路加福音》裡，有一個宗徒祈求耶穌：「主，請教給我們祈禱。」但在《馬太福音》裡，卻沒有提到宗徒請求耶穌教導這回事。

如果我們吹毛求疵地探索誰寫的對？哪一邊才正確？其實並沒有多大意義。《馬太》、《馬可》、《路加》這三部「共觀福音」中，總會出現重複的事件。在這些相同事件中，卻很少有連細節都描述得一模一樣的。這個現象反而凸顯了《聖經》的真實性。拿今日來說，如果挑一篇報上的新聞，即使是同個事件也有數種不同版本，就更別提西元五十年代成書的《馬可福音》，和六十年代成書的《馬太福音》有所出入。它們蒐集資料的管道本身就不同，就算出現記錯或聽錯的部分，也不會太奇怪。

因此，《路加福音》與《馬太福音》裡記載的〈主禱文〉就不太相同。《路加》的版本很簡潔，《馬太》的篇幅則較長。我想將兩者引用在此，首先是《馬太福音》的寫法：

我們在天的父！願祢的名被尊為聖，
願祢的國來臨，願祢的旨意承行於地，如在天上一樣！
我們的日用糧，求祢今天賜給我們；
寬免我們的罪債，猶如我們也寬免得罪我們的人；
不要讓我們陷入誘惑，但救我們免於凶惡。

接下來是《路加福音》中的寫法：

父啊！願祢的名被尊為聖！願祢的國來臨！
我們的日用糧，求祢天天賜給我們！
寬免我們的罪過，因為我們自己也寬免所有虧負我們的人；
不要讓我們陷入誘惑。

此外，大多數的教會會像前述一般，用《聖歌》第五六四首的曲調㉗唱〈主禱文〉的白話文版本；並在最後加上「天下萬國，普世權威，一切榮耀，永歸於祢」來讚美主。

〈主禱文〉以呼喚作為開端，將天主稱呼為「我們的父」。「父」這個稱呼，呈現了天主與人之間最單純與明確的關係。天主既不是我們人類擅自創造之物，更不只是觀念性的存在。只要我們呼喚天主為「我們的父」，就表示天主只有一位，因為我們每個人都只有一位父親。

常常有人這樣說：「妳既然是日本人，就應該拜日本神明。」

可是，在這整個宇宙中，天主就只有一位。祂並不會侷限於只當日本人的神、只保護美國、或只聽德國人的祈禱。天主不會如此吝嗇，祂是「我們的父」。因此，在我們的父家，全世界的人都成了兄弟姊妹。而這個廣大無邊的宇宙，也因著天主父的愛而被創造、被祝福了。

天主並不會發出像「你會遭天譴」般的詛咒，祂乃是「我們在天的父」。「在天」這個詞，基本上已經顯示出祂的神聖本質。

## 天父的特質

另外，在〈主禱文〉裡用的是「我們」、或「他們」這種複數人稱單位，而不是「我」、或「吾」等單數。由此可見，這個祈禱並非只為自己，而是為了「我們」；也可以說，是為所有人的祈禱。

每次想到這裡，總會叫我充滿感謝。因為，就算我還是個不懂事的嬰兒，或是在說出「這個世界上沒有神」、「最討厭基督徒」之類話語的年代，無論早晚，世界上的某個角落裡，總有人為著「我們」向天主祈禱。這個事實真叫我感激萬分。

在此，就讓我們來看看〈主禱文〉的第一句話吧！耶穌在最剛開始時，教導我們說「願祢的名被尊為聖」。「祢的名」不用多說，指的當然是天主。而在《新聖經註解》書中，解釋「尊為聖」的意思為：「以對待聖者的態度，將之與對待他人的態度區別開來」。依照巴克萊的說法，「尊為聖」一詞的原文，出自希臘文動詞 **Hagiazo** 的一部分，和它的形容詞 **Hagios** 也有關。**Hagios** 的意思是「有所區別的」，而「**Hagios** 的人」指的即是「與他人不同，有所區別的人」。因此，祭壇是 **Hagios**（神聖）的，星期日也被尊稱為聖日。就這樣，基督徒將它與其他日子區分開來。簡而言之，天主的存在與其他的眾多生物不同，祂是神聖的，並且應該被區別開來。

所以，真正應該被尊為聖的那一位，就是我們唯一的天主。然而，人類總是隨意朝拜，無法將真正的天主與亡者、或其他靈魂區別清楚，很難真正將天主的名尊為聖。這

㉗ 編者按：這是日本新教使用的聖詩編號。

不禁讓我想起一句卑俗的俚語：「別將味噌與糞土搞在一起」。

試想，全世界的歷史中，當受崇敬的事物果真獲得了應有的崇敬？與天主相比，金錢、名譽、國王或天皇似乎更受人崇拜，不是嗎？

人類如果能夠真心敬畏天主，世界的歷史想必會全然改觀。

緊接著，耶穌要我們祈禱時說：「願祢的國來臨」。「祢的國」指的是「天主的國」。既然是「天主的國」，統治者自然非天主莫屬，不可能是人類。在「天主的國」裡，凡事都神聖、公正，且充滿愛，因為大主宰天主本身即是如此。在人類居住的世界上，常常「視誠實的人為蠢貨」；在天主的國裡，誠實的人卻備受尊敬。那裡既沒有賄賂也沒有欺瞞，是神聖且和平的王國。兩千年來我們不間斷地祈禱，就是為了迎接這個國度的到來。這句祈禱文正點出人類絕對不可中斷的崇高願望：

「願祢的旨意承行於地，如在天上一樣！」

這段禱詞，其實也可以歸類到「願祢的國來臨」裡。在天上的國度裡，天主的旨意完全被奉行。可是，在地上的世界裡，卻有太多阻礙天主旨意的存在。有人說「根本沒有神這個東西」，有人則說「說什麼天主，實在是太可笑了！」甚至，有很多人一聽到「天主」二字就輕蔑嘲笑。不管在誰心中，總隱藏著拒絕天主的心：比起遵從天主的旨意，還不如照自己想做的去做，才更容易滿足慾望。然而，當我們一再重複誦唸這句禱詞時，個人的願望似乎也就提升到「主啊，請按照祢的旨意，按照祢的想法去做吧！請讓我們成為能夠歡喜並遵祢聖意的人吧！」之境界。

我深深覺得，比起順從自己心底深邃的慾望，按照天主的旨意去做，才是更好的選擇。儘管如此，人類卻總是偏向遵從自己的心意，而對天主的聖意不屑一顧。

## 為「我們」的祈禱

以上三句禱詞是關於天主的祈禱，與我們的日常生活並沒有直接的關係。我認為，〈主禱文〉之所以深奧，就在於以先祈求天主之事為開端的姿態。

緊接在後的，是「**我們的日用糧，求祢今天賜給我們**」這句禱詞。無論是誰，只要在困苦的時候，總會祈禱著：「主啊！請治癒我的病吧！」、或是「主啊！求求祢讓我做成這筆生意！」但是，會祈禱說「求祢今天賜給我們日用糧」的人應該沒幾個吧！

第一次見到這句禱詞時，在我眼中浮現的，是乞丐挨家挨戶乞討，並在口中喃喃唸著「我已經三天沒吃東西了……」的姿態。當時，我相當傲慢且不屑地以為，根本沒有必要為了每天的食物而向天主一一乞討；也就是說，那個時候的我認為，唯有這句話在〈主禱文〉中是多餘的。

「日用糧」一詞，指的不只是肉體上的食糧，更包含了精神上的食糧。如果是為了精神食糧而祈禱，我倒是可以理解。可是，認為沒有必要為肉體食糧祈禱的我，卻犯了一個相當大的錯誤。因為這段祈禱，畢竟是為「我們」。

我在前面曾經提過，在當時的猶太社會中，有人挨家挨戶地募捐。請不要忘記，當時需要別人施捨的窮人多不勝數；就算在兩千年後的今天，也常常聽到有人餓死的消息。我的先生三浦在做飯前禱時，常常將那些人放入祈禱中。如果我們只求自己的溫飽，就可能難以體會這句禱詞的深度與廣度了。

從前的我不曾注意到，其實，世界上哪樣東西不是因為天主的賞賜才存在？天主創造了萬物；就算人類自以為造出了什麼，依然沒有一樣東西是真正由人所創造出來的。一旦我們認清這個事實，再回頭看這句禱詞，似乎就能感受到眼前的新境界。

## 耶穌的先驅者

在這個世界上，有很多被稱為「壞女人」或「毒婦」的人。在日本流傳著很多白子屋阿熊和高橋阿傳之類惡毒女人的故事；同樣地，在《聖經》中也有幾個壞女人登場。在這些角色中，《馬太福音》第十四章之後出現的王妃希羅底似乎高居榜首。這個希羅底，也就是著名的莎樂美的母親。

—希羅底【黑落狄雅】

—莎樂美【撒羅默】

正如耶穌在歷史上真正存在，希羅底也是個真實的歷史人物，在猶太的古代史中也記載著。至於她究竟有多壞，就讓我們來看看《聖經》中的這段章節。

那時，分封侯希律聽到耶穌的名聲，就對他的臣僕說：

「這是施洗的約翰，他由死者中復活了；為此，這些奇能纔在他身上運行。」

原來，希律為了他兄弟腓力的妻子希羅底的緣故，逮捕了約翰，把他囚在監裡，因為約翰曾給他說：

「你不可佔有這個女人！」

希律本有意殺他，但害怕群眾，因為他們都以約翰為先知。

到了希律的生日，希羅底的女兒，在席間跳舞，希律非常高興；為此，希律發誓，她無論求什麼，都要給她。

她受了她母親的唆使後，就說：

「請就地把約翰的頭放在盤子裡給我！」

希律十分憂鬱，但為了誓言和同席的人，就下令給她。遂差人在監裡斬了約翰的頭，把頭放在盤子裡拿來，給了女孩；女孩便拿去給了她母親。

這個故事曾經被改編成小說和電影，應該很少人不知道。我也曾經在電影中看過這

腓力【斐理伯】

施洗的約翰【洗者若翰】

希律【黑落德】

樣的鏡頭：約翰伸出脖子來，士兵高舉斧頭一揮而下，頓時天地變色，暴風雨襲來。

《聖經》中對於這件事雖然只是輕描淡寫，它卻是個張力十足的戲劇性畫面。這段文字讀起來固然沒有什麼難解之處，但我想加入一些當時的歷史背景，好讓大家來探討一番。

首先，關於「施洗的約翰」這個名字。「洗」指的是眾所周知的洗禮，因此也有人翻譯成「洗禮者約翰」。這位約翰，正如《路加福音》第一章第六十三節所描述的，比耶穌早半年出生，算是耶穌的親戚。

身為先知的約翰，以將耶穌介紹給民眾的身分，活躍在猶太地區。他的生活極其簡素，只吃蝗蟲與野蜜為生。約翰身穿駱駝皮做成的衣服，在腰間束著皮帶，乍看之下很不尋常。

他是隔了四百年才出現的預言者，藉此身分勸導當時的以色列子民悔改，並強力批評當時社會上的弊病。他的言詞，與其稱為說教，倒不如說是責備還來得精準些。

## 先知的任務

不過，先知（預言者）究竟是什麼呢？《聖經》中曾經有很多像以賽亞、或耶利米等偉大的先知登場。猶太社會中，先知乃是為了轉達天主聖意，奉天主命令而

—以賽亞【依撒意亞】

—耶利米【耶肋米亞】

宣報的人。既然是先知，就是預報天主聖言的人，本質上不同於只預言即將發生之事的人。在日文中，「豫言」的「豫」字與「預言」的「預」字都可以簡寫為「予」，我們卻不能不把兩個字分辨清楚。

既然先知是要傳達天主旨意，就不能將私情夾雜其中，更不能為了諂媚掌權者而穿鑿附會。俗語說「忠言逆耳」，人生來就不喜歡聽忠告。尤其是掌權者，對於別人的批判更是憎厭不已，會排斥也是很自然的事情。

在日本，直到三十年前都還存在著一種名為「不敬罪」之罪：不對皇宮遙拜的人得坐牢，有時甚至還因此致命，這些案例都叫我們記憶猶新㉘。即使是現代，仍然有相當多的國家將批判政治的百姓打入獄中。究竟是被關的人不對？還是關人的人不對？這正是我們今天得討論與面對的重大課題。

猶太諸王中，當然也有人聽了先知的直言勸告，肅然起敬，以致悔改。不過，大多數國王都是驅逐先知、或將之逮捕入獄，甚至處刑。

施洗的約翰也因著直言不諱而犧牲了性命。關於他的死因，由前面引用的經文略知梗概。簡單地說，就是約翰批評希律王的婚姻。約翰為什麼這樣批評呢？那是因為希律毫無理由地休了自己的原配，改娶了兄嫂。

㉘ 編者按：這是指第二次世界大戰之前。

我在讀這個章節的時候曾經認為，人家要娶兄嫂或娶弟妹，不是各人自家的私事？哪有必要以性命作賭注來勸諫？像約翰那樣偉大的先知，竟然為了這樣的三角關係賠上寶貴的性命，實在是太不值得了。

不久之後，我總算明白為什麼約翰要賭命諫言。在當時的猶太法律中，「沒有理由的離婚」並不被允許；而且「與兄嫂、弟妹結婚」也被禁止。

希律雖然身居人民統治者，卻公然犯下這兩條罪行。對猶太人而言，法律來自天主，因此希律此般行徑，和踐踏天主聖規沒什麼兩樣。先知約翰怎麼可能放過他呢？

約翰的直言不但令希律惱羞成怒，也間接引起了希羅底的怨恨。儘管如此，我覺得書中描述的希羅底，未免也太史無前例的殘酷了。

## 盲從母親的莎樂美

史上或現代，並非沒有女性殺人、或女性委託他人犯罪的案例。但是，幾乎所有的案例都被極其低調地悄悄執行。

希羅底殘酷的地方，在於她將殺人視為酒宴的餘興節目，而那個酒宴竟然還是自己丈夫的慶生壽宴。根據馬可在《福音》中記載，當時的客人是「重要官員、軍官和加利利的顯要」。恐怕希羅底早就看上了壽宴這個大好機會，才會伺機而動的吧！

加利利【加里肋亞】

希律王有其極為軟弱的一面。馬可是這樣寫的：

希羅底便懷恨他，願意殺害他，只是不能，因為希律敬畏約翰，知道他是一個正義聖潔的人，曾保全了他；幾時聽他講道，就甚覺困惑，但仍樂意聽他。

他雖然將約翰打進地牢，卻仍然樂意聽他講道。

既然如此，為什麼不乾脆將約翰釋放出獄呢？當初挑唆將約翰逮捕入獄的，恐怕就是希羅底吧！所以希律不敢釋放約翰。在那之前，希羅底一定已經多次逼迫丈夫殺掉約翰不成，才會藉著慶生宴要女兒獻舞。

女兒莎樂美（《聖經》上並沒有直接記載「莎樂美」這個名字，但《聖經辭典》中，卻提及「莎樂美」，則以《聖經》人物的身分出現）的名字裡有「平安」的含意。可是，我在希羅底對待女兒莎樂美的態度中，卻完全找不著一絲一毫母親的光輝。

首先，她要女兒跳的並非什麼優雅舞蹈，卻是和公主身分毫不相稱的淫舞。另一種傳說是，希羅底鑑於自己年老色衰，想利用女兒來抓住其繼父的歡心。

對於跳舞的獎賞，希律許下了無論莎樂美求什麼都要給她的誓言。在《馬可福音》中，甚至記載著「無論你求我什麼，就是我王國的一半，我也必定給你！」。由此我們輕易想見，那場舞想必讓希律龍心大悅。

莎樂美必定是個臉孔與身材都極美的女孩，但我總覺得那只是表面上的美。她毫無自主性，可從她詢問母親應該求何賞賜，以及因為母親的教唆而說出「**請就地把約翰的頭放在盤子裡給我！**」這段描述中清楚看見。

像這樣唆使女兒跳淫舞，並要求如此賞賜的殘忍母親，全世界應該不會有第二個了吧！此外，對母親唯命是從而跳出羞恥萬分的舞蹈，並說出如此可怕願望的莎樂美，又是個多麼可悲的女孩呀！

對希律而言，這樣的要求當然應該拒絕。可是，按照當時的習慣，一旦發下誓願，就一定得在天主台前將它實現。另外，既然自己已在眾人面前說出了無論求什麼都會給的大話，恐怕也很難說聲「不」。換句話說，這一切都是為了顧及自己在人前的面子而造成的。

就這樣，約翰的頭被端到壽宴上來。那可是人的首級啊！就算是別人家庭院裡的花朵，如此毫不留情地一把摘下，也不被允許。讀到此處，真叫我深切體會到希羅底的殘忍。

有一次，牧師講道時問我們：「如果我們自己是在場的來賓，會怎麼反應呢？」當時受邀在場的客人，正如先前所述，是軍人、高官以及當地的顯要。在當時的社會上，這些人想必都高人一等，並握有極大的發言權。但是卻沒有一位敢站出來，對希律王、希羅底、或莎樂美發出諫言。如果我們當時在場，恐怕只有硬吞口水與冷眼旁觀而已；

因為，對國王進諫等於死路一條。想想，就算冠蓋雲集，希律王卻連一個敢勸告自己的朋友也沒有，多麼可悲。

關於這個事件，還有續集。

因為希律王無故休妻，導致岳父納巴泰王憤起攻擊，吃了一場敗仗。另外，他又聽信希羅底的唆使而有了謀反羅馬帝國的嫌疑，領地與財產因而全被沒收充公。希律本人則被放逐到偏遠的邊疆，與希羅底在那裡結束了極其悲慘的一生。

在那之後，傳說莎樂美有一次步行在冰上時，因為冰塊破碎而失足掉入水中，被尖銳無比的冰刀割斷脖子而死。那真是與要求砍下約翰頭的兇手最相稱的死法呀！（關於莎樂美的最終下場，請參照山室軍平所著《民眾的聖經》第十八卷（教文館出版））

## 也有自私自利的母愛

關於《馬太福音》，我想提的章節實在太多了。但是如果一一寫出，這本書恐怕就不能叫《新約聖經入門》，而要改名為《馬太福音入門》了。

因此，我只再提兩三個從前無論如何就是搞不懂的地方，請大家一起閱讀。

不管是誰，對於基督徒的第一印象總傾向於「柔和且謙遜」；也有很多人以為基督徒絕對不會發脾氣。我從前也是這樣想的，因此才會在讀到以下章節時，吃驚得說不出話來，發現基督徒讀的《聖經》裡竟然記載著如此可怕的東西。而我想不只是我一人，任憑誰讀這段話時，一定也有同樣的反應才對。

《馬太福音》第十章第卅四到卅九節：

你們不要以為我來，是為把平安帶到地上；我來不是為帶平安，而是帶刀劍，因為我來，是為叫人脫離自己的父親，女兒脫離自己的母親，兒媳脫離自己的婆母；所以，人的仇敵，就是自己的家人。誰愛父親或母親超過我，不配是我的；誰愛兒子或女兒超過我，不配是我的。誰不背起自己的十字架跟隨我，不配是我的。誰獲得自己的性命，必要喪失性命；誰為我的緣故，喪失了自己的性命，必要獲得性命。

我父親相當疼愛子女，家中共有七個兒子、三個女兒。可是，他極端討厭孩子搬到別的地方住。為此，我那幾個當鐵道員的兄弟必須一再回絕職務調動的機會。

我可以理解父母想把孩子留在身邊的心情；可是，至親的情愛往往會變成絆腳石。

曾經有個年輕人，夢想到沒有醫療人員的村落去當一輩子的醫生，沒過幾年，他卻又回到都市裡來。

「咦？你不是說要去一輩子嗎？你的一輩子難道已經結束了？」我毫不客氣地質問他。

年輕人回答：「媽媽無論如何就是要我回來，連太太也說，回到都市對孩子的教育比較有利。」

當時，他臉上的表情帶著無可言喻的落寞。

想要當牧師，並得到父母舉雙手贊成的人，究竟有幾個？我也不知看過多少在信仰家庭中長大，想當牧師之夢卻遭雙親反對的案例。

「你只要有信仰就好了，沒有必要去當牧師！」

那些孩子們通常被像這樣的說詞勸退。另外，想到未開發地區傳教的人，或是想當痲瘋病院醫師的人，也往往遭受到父母妻子的強烈反對。不只是那樣，連想當畫家、小說家、甚至音樂家卻被反對的人應該也不少。

像這樣的反對究竟是為了什麼？說穿了只不過為了自己的私心。我不否定父愛與母愛的尊貴，但是，那份愛中似乎也存在著不那麼尊貴的一面。

「只要我的孩子好，就好了！」像這樣偏激的想法，完全出自父母的私心。那其實並不是對子女的愛，反而是對自身的愛。到最後，做父母的很容易把孩子視為可讓自己為所欲為的所有物。

愛是什麼？愛必須包含出生與養育，也必須讓即將成長的幼苗正常成長。所謂的骨肉至親，到底是由什麼串連而成的呢？《聖經》中的這段話，讓我們每個人重新有了不同的省思。

即便是現代，還是有很多相信主耶穌卻無法上教堂的人。理由往往出自父母或丈夫的反對，也有些人瞞著家人偷偷上教堂。個人的宗教信仰本應是自由的；不過，像這樣不肯承認他人自由的世界，卻也依然存在。

《聖經》上有著如此儼然的教導：「應孝敬父母㉙」；也有這樣的句子：「你們作妻子的，應當服從自己的丈夫，如同服從主一樣㉚」。所以，遵循耶穌旨意而生活的人，畢竟還是會回到丈夫、或父母親的身邊。

無論如何，正因為有人不顧父母反對而冒險，不貪財富、也不求名譽地位，這個世界才會如此進步。若能這樣想，這段經文讀起來似乎也就不那麼困難了。巴克萊認為：「沒有任何一個章節，比這段話更能鮮明顯示耶穌透徹的真理了。」我也深有同感。

總之，耶穌在這裡所要表達的就是：骨肉至親間的關係，不應侷限在自私自利之中，而應該以真理做基礎，和真理相融合才是。

## 冠軍變成吊車尾？

剛開始讀接下來所要介紹的章節時，我也一頭霧水。《聖經》裡有很多像這樣的比喻，光憑人類的思維實在難以理解。或許，天主的心原本就不容易讓人看透。下面這段經文雖然無需解說就能輕易讀懂，卻讓我們打從心裡問號連連。

《馬太福音》第二十章第一至十六節：

天國好像一個家主，清晨出去為自己的葡萄園僱工人。他與工人議定一天一個錢銀子，就派他們到葡萄園裡去了。約在第三時辰，又出去，看見另有些人在街上閒立著，就對他們說：「你們也到我的葡萄園裡去吧！凡照公義該給的，我必給你們。」他們就去了。約在第六和第九時辰，他又出去，也照樣做了。約在第十一時辰，他又出去，看見還有些人站在那裡，就對他們說：「為什麼你們站在這裡整天閒著？」他們對他說：「因為沒有人僱我們。」他給他們說：「你們也到我的葡萄園裡去吧！」到了晚上，葡萄園的主人對他的管事人說：「你叫工人來，分給他們工資，由最後的開始，直到最先的。」那些約在第十一時辰來的人，每人領了一個錢銀子。那些最先僱的前來，心想自己必會多領，但他們也只領了一個錢銀子。他們一領了，就抱怨家主，說：「這些最後僱的人，不過工作了一個時辰，而你竟把他們與我們這整天受苦受熱的，同等看待。」他答覆其中的一個說：「朋友！我並沒有虧負你，你不是和我議定了一個錢銀子嗎？拿你的走吧！我願意給這最後來的和給你的一樣。難道不許

錢銀子【德納】

㉙《出埃及記》第廿章第十二節。

㉚《以弗所書》第五章第廿二節。

我拿我所有的財物，行我所願意的嗎？或是因為我好，你就眼紅嗎？這樣，最後的，將成為最先的，最先的將會成為最後的。」

猶太人將白天，從清晨六點到傍晚六點劃分為十二個時辰。這段經文中提到在第十一時辰（下午五點）雇用工人。第十一時辰雇用，表示離六點只剩一個小時。在只剩一小時工作時間的狀況下，哪有葡萄園主願意花錢雇用工人？我想，一般人的反應應該都認為，那一定是編出來的故事！

然而，類似的案例在當時卻相當普遍。因為，當地一過了葡萄產期便進入雨季。為了不讓葡萄淋雨腐壞，大家都急急忙忙地趕在雨季前採收。因此，採收期忙碌的程度，是忙到恨不得多長出一雙手來做事。在那樣的情況下，就算只剩下一個小時，甚至短短三十分鐘，只要能找到幫忙的人手，不管對方是何等人物也都不介意。

耶穌講比喻的時候，總會挑選當時聽眾熟悉的題材。時空差異，我們在兩千年後的日本讀到這段話，認為和自己八竿子打不著關係，其實是相當自然的事。然而，對那些親耳聽見耶穌話語的人們而言，不光是上述的比喻，耶穌所舉的任何例子都與自己有著切身的關連。因此，他們必定是一邊專心聆聽、一邊深有同感。相信在那群聽眾裡，不但有在第六時辰被雇用過的人，也有在第十一時辰被雇用過的人，甚至於，曾在第三時辰被雇用的人一定也不在少數。

雖然如此，應該還是有很多人在聽講時，和我一樣浮現種種疑問。其中之一是：「為什麼從一大早工作到晚的人不能先領工資，反而是晚到的人先領呢？」從清晨開始工作的人，肯定汗流浹背辛苦了一整天。如果讓後到的人先領錢，他們就得站在隊伍尾端癡癡等待。世界上哪有這樣不公平的事情！耶穌講這個比喻時，相信有人一定感到忿忿不平。

可是，這番話講的並不是現世的葡萄園，而是用來說明在天國、也就是在天主統治的國度會發生的事情。如果在現世的葡萄園裡，當然會先發工資給那些從第三時辰就開始工作的老鳥。

那麼，究竟為什麼故事裡的葡萄園主人要先發薪水給後到的人呢？

在《聖經》的這段話裡，有著「看見另有些人在街上閒立著」的描述。日本也是，在東京或大阪這些都市裡，同樣也有專門等待被雇用的人群聚集之處。那樣的人有個特殊稱號：「Tachinbo」，他們之所以會啥事也不做地呆站在那裡，並非遊手好閒，卻是帶著渴望被雇用的希望，等待雇主出現㉛。

我可以想像那些一早就被雇用的人欣喜若狂的樣子。故事中議訂的工資為一個銀錢。當時在農園勞動的工資，與羅馬士兵的日薪同為一個銀錢。

㉛ 編者按：這些人的情形可以想像成在台北橋下等待打零工的粗工。

根據昭和四十六年（西元一九七一年）出版的《新聖經大辭典》記載，那份工資相當於六十一日圓。現在已經是昭和五十二年了，應該會漲到一百日圓左右吧！不管怎麼說，那樣的薪水都是極其廉價的㉜。

不過，當時的物價比現在低很多，日子雖然不好過，還是可以暫得溫飽。我也曾經讀過，耶穌當年的住宿費用是一天十二分之一銀錢之紀錄。

先略過物價不提，那些從天明就得到日薪一個銀錢之工作機會的人，想必如同吞了定心丸般安心。至少，吃飯的問題解決了，妻子和兒女也不必挨餓受苦。當時，工人的生活比奴隸還沒有保障。奴隸畢竟置身於主人的管轄之下，主人不會讓等同自己財產的奴隸挨餓。因此，就這方面而言，奴隸的生活還可以稱得上是平穩安定。不過，勞動者的情況可就不同了。

葡萄園主人在下午五點左右出門時，還有人站在街上等待。白日固然未盡，畢竟也已經接近一天的尾聲。在那樣的時刻，那些人竟然還抱持著被雇用的希望，硬撐著等待。

假設他們因為早先沒被雇用而自暴自棄，絕望地離開了那個地方，一定就無法吸引雇主的注意了。我每次想起那些拼死命想求一口溫飽、癡等好幾個小時的勞動者之心情，胸中總會湧上莫名的感動。

## 機會是給撐到最後一刻的人

一生中，不知曾經看過多少人，放棄了本應堅持的事物，在絕望下轉身離去。相反的，也有那種雖然身陷絕望窘境，卻堅持到底，努力活出真實的人。那些一直站著等到下午五點鐘的人，不正是活出真實之人的最佳寫照？我可以想像在離日落僅剩一小時的時刻，聽到「你們也到我的葡萄園裡去吧！」這句話後，那些人臉上的表情，想必與一大早就被雇用的人相異，他們必定是感動到幾乎掉淚。

至於葡萄園主人，必定深深感受到他們對自己的感謝。另一方面，那些從早上就被雇用的工人，又帶著怎麼樣的眼光看待傍晚才到的人？

「哼！到現在才來！」說不定會像這樣以老鳥特有的冷漠眼光看待他們。在那樣的視線中，包含著瞧不起人的鄙夷。

就那樣，下午五點才到的工人們，畏畏縮縮地籠罩在利劍般的目光下，在所剩不多的工作時間內拼命做工。因此，葡萄園主人才對這些後來的人給予深切的同情吧！

另外一個疑問是，一整天與一小時的工資同為一個銀錢這件事上。不消說，如果類似情況活生生地在眼前上演，我們肯定會抱怨不休。關於這一部分的章節，我簡直像踏進一團不可解的迷霧中。

---

㉜ 編者按：仿照日本銀行提出的計算公式：昭和五十二年的一百日圓，約相當於二〇一六年的一百九十二日圓。

園主答覆那些抱怨的工人說：「朋友……」

我並不知道日本國內共有多少企業團體。但是，在企業團體中當老闆的，究竟有多少人會呼喚自己的員工為「朋友」？如果要斷言說連一個人都沒有，恐怕也不會太過分。

「朋友」，指的是平等的關係，勞資關係本應平等。然而，人類真的很不可思議，腦海中總容易產生「付錢的人是老大」的錯覺。其實，說穿了只不過是：一邊提供勞力，一邊提供代價，如此而已；也就是所謂的「Give and Take」之對等關係。實際上，要做到這樣卻不容易。關於這點，主耶穌竟然在兩千年前就已經一語道破。

這位葡萄園主雖然被員工抱怨，實際上並沒有做出任何違反契約之事。他只不過按照議訂的價碼支付了一個銀錢。那些工作一整天的人，卻在看到主人付給只工作一小時的人同樣薪資後，就忍不住抱怨了。可是，如果靜下心來好好想想，他們拿到的不就是約定好的金額嗎？根本沒有任何可抱怨的理由。

正如前述，一個銀錢不過一百日圓之多，是好不容易才夠買塊麵包的極少金額。

主人支付後者這樣的工資，一定不單單只為了他們的工作時間，而是體貼他們為了等待雇主，毫不絕望地苦站到下午五點的精神。可是，人類從別人身上得到好處時會欣喜萬分，卻不樂於見到他人得到好處。如果只是不樂見還算不錯，他們甚至得寸進尺地對施予的主人抱怨連連。

無論如何，天國就是像故事中主人所臨在的地方。這樣的主人看重的是人的哪些特點？一定不只是個人的才能或學歷，更別提體力或外貌了。至於地位與財富，根本不值一提。

反過來看，那些從早到晚，單單懷抱著被雇用心願的工人，他們雖然身處絕望境界，卻絲毫不失去希望地站在那裡。所謂天國，正是如此專心一意等待天主降臨的人，才會得到祝福的地方。

此外，他們並不特別介意工資的多少，就只是謙遜服從葡萄園主，這樣的人才會得到祝福。相反地，先被雇用的那群工人不但倚老賣老，還將自己與別人劃清界限，那樣的人恐怕難以進天國。

耶穌在其他章節裡也曾提過：

> 你們若不變成如同小孩子一樣，決不能進天國。

在那些下午五點才被雇用的人身上，耶穌肯定見到了如同無力乳嬰般的謙遜。

在此介紹的這個關於天國的比喻，對於我們的人生態度或現代社會的實況，特別是勞工問題，都有相當大的啟示；不僅如此，更為我們帶來了信仰上無比深邃的真理。

《聖經》隨著每個人不同的閱讀時機，分別給予各異其趣的發現。因此，如果你有機會重讀《聖經》，再次讀到這一段時，想必會有更深遠的體會。

＊編按：以下為《馬太福音》關於耶穌族譜的敘述（第一章第一到十六節），僅將基督新教與天主教人物譯名同時並列，以供讀者參考。

亞伯拉罕【亞巴郎】之子，大衛【達味】之子耶穌基督的族譜：亞伯拉罕生以撒【依撒格】，以撒生雅各【雅各伯】，雅各生猶大和他的兄弟們；猶大由他瑪【塔瑪爾】生法勒斯【培勒茲】和謝拉【則辣黑】，法勒斯生希斯崙【赫茲龍】，希斯崙生亞蘭【阿蘭】，亞蘭生亞米達布【阿米納達布】，亞米達布生拿順【納赫雄】，拿順生撒門【撒爾孟】，撒門由喇合【辣哈布】生波阿斯【波阿次】，波阿斯由路得【盧德】生俄備得【敖貝得】，俄備得生耶西【葉瑟】，耶西生大衛【達味】王。大衛由烏利亞【烏黎雅】的妻子生所羅門【撒羅滿】，所羅門生羅波安【勒哈貝罕】，羅波安生亞比雅【阿彼雅】，亞比雅生亞撒【阿撒】，亞撒生約沙法【約沙法特】，約沙法生約蘭，約蘭生烏西亞【烏齊雅】，烏西亞生約坦【約堂】，約坦生亞哈斯【阿哈次】，亞哈斯生希西家【希則克雅】，希西家生瑪拿西【默納舍】，瑪拿西生亞捫【阿孟】，亞捫生約西亞【約史雅】，約西亞在巴比倫流徙期間生耶哥尼雅【耶苛尼雅】和他的兄弟們。流徙巴比倫以後，耶哥尼雅生鐵拉鐵【沙耳提耳】，鐵拉鐵生所羅巴伯【則魯巴貝耳】，所羅巴伯生亞比玉【阿彼烏得】，亞比玉生以利亞敬【厄里雅金】，以利亞敬生亞所【阿左耳】。亞所生撒督【匝多克】，撒督生亞金【阿歆】，亞金生以律【厄里烏得】，以律生以利亞撒【厄肋阿匝爾】，以利亞撒生馬但【瑪堂】，馬但生雅各【雅各伯】，雅各生約瑟【若瑟】、馬利亞【瑪利亞】的丈夫，馬利亞生耶穌，祂稱為基督。

# 02 火爆青年眼中的耶穌——《馬可福音》

# 任性的富家子馬可

走進書店，見到架上陳列得整整齊齊的書本時，你會先看書名，還是作者的名字呢？

假設有一本書名引發你的好奇心，卻發現作者名不見經傳，興致想必減半；相反地，如果剛好遇上你喜歡的作者，肯定因此趣味大增吧！繪畫也是、陶藝亦然，對於作者是何等人物，我們總抱持著極大的興趣。

可是，讀《聖經》的時候，《聖經》作者卻與我們八竿子打不著關係。《約翰福音》的約翰是誰？《路加福音》的路加又是誰？剛開始根本無從得知。

—《約翰福音》【《若望福音》】

接下來要介紹的《馬可福音》作者「馬可」也不例外。對我們而言，根本沒有任何可以事先預習的知識。不過，就算對馬可一無所知，應該還是有不少人知道李奧納多·達文西①的名畫「最後的晚餐」。達文西創造出以謎樣微笑聞名於世的名畫「蒙娜麗莎」。他在「最後的晚餐」這幅畫中，也相當成功地捕捉到以基督為主軸，排列於左右的十二位門徒驚愕與不安的瞬間。這幅畫所要描述的，是當耶穌指出十二門徒中有一人即將出賣他時，門徒們動搖的那一刻。

—《馬可福音》【《瑪爾谷福音》】

據說，這個最後晚餐發生的地點，就在馬可家二樓的大廳。在當時能夠建造二樓，又有足以容納如此晚宴的寬廣大廳，想必是相當富裕的人家。

① Leonardo di ser Piero da Vinci，一四五二～一五一九。

《聖經》上提到馬可的母親馬利亞，卻沒有言及他父親的名字。從此可以推斷，他應該是從小由寡母養大的富家子。或許因為家境富裕的緣故，馬可似乎成了既任性又自私的人。《使徒行傳》曾經記載，因為馬可的任性，引起了兩位大宗徒保羅和巴拿巴之間的紛爭，以致於在傳教之旅上分道揚鑣。因此，馬可有著「雖有才華卻任性的年輕小伙子」之形象。

《馬太福音》的作者馬太是當時人見人厭的稅吏，馬可多半也有惹人厭的性格。話說回來，無論馬太或馬可，終究都成了大器。在這事上，我們實在得嘆服基督的偉大影響力。

在這裡，我想介紹一段在《馬可福音》中……不，應該說是在整部《聖經》中……相當吸引我的章節。

耶穌又出去，到了海邊，群眾都到他跟前，他便教訓他們。當他前行時，看見亞勒腓的兒子利未坐在稅關上，便向他說：「你跟隨我罷！」利未就起來跟隨了耶穌。當耶穌在利未家中坐席的時候，有許多稅吏和罪人，也與耶穌和他的門徒一起坐席，因為已有許多人跟隨了他。法利賽黨的經師看見耶穌與罪人和稅吏一起吃飯，就對他的門徒說：「怎麼，他與罪人和稅吏一起吃喝？」耶穌聽了，就對他們說：「不是健康的人需要醫生，而是有病的人；我不是來召義

《使徒行傳》【《宗徒大事錄》】
保羅【保祿】
巴拿巴【巴爾納伯】

亞勒腓【阿爾斐】
利未【肋未】

人，而是召罪人。」（《馬可福音》第二章第十三到十七節。類似的記載見於《馬太福音》第九章、《路加福音》第五章，請讀者自行對照。）

## 耶穌喜歡不完美的人

讀到這段章節而特別感動的時候，我只有二十來歲，而且正在住院。療養院裡有很多養病的年輕人，我的朋友中異性又佔絕大多數，很自然地，病房裡經常只有男性朋友聚集。我因此得到一個毫不留情的稱號：「妖婦」。之所以被那樣批評，或許是因為我在日本戰敗後陷入無可救藥的虛無狀態。我雖然身為療養中的病人，只要受邀，卻也會順水推舟地喝酒。對於那樣的我，同性的批評想必不會太客氣。在那樣的背景中，《馬可福音》裡的這段話特別引我注意：

有許多稅吏和罪人，也與耶穌和他的門徒一起坐席，因為已有許多人跟隨了他。

這句話深深地抓住了我的心。在當時，連當審判證人資格都沒有的稅吏，極度受蔑視；那些被拿來和稅吏相提並論的「罪人」，恐怕也遭受同等待遇。我覺得，自己就像那些人的同伴一般。

「罪人」，指的是什麼樣的人？當時的我並不太能理解。但是，從下面這句話就可看出，他們在社會上受到相當冷淡的對待。

「怎麼，他與罪人和稅吏一起吃喝？」

這就表示，在當年，並沒有人願意與稅吏或罪人一起用餐。想想看，別人不跟自己一起用餐，究竟是怎麼樣的狀況？

當我聽說，在美國的黑人不准與白人搭乘同一輛電車時，大吃一驚②，那樣的情形其實很類似於不願意一起用餐，是相當大的歧視待遇。《聖經》裡有些地方，甚至會在稅吏或罪人旁補上娼妓。然而，耶穌卻與此等人一起吃飯。不僅如此，這樣的人還「人數眾多」。平時常被欺凌、常遭歧視的人，對於人心的反應極為敏感。如果從對方眼中看出冷漠與輕蔑，就算只是驚鴻一瞥，他們絕對不再靠近，更別提向對方敞開心房了。

因此，我們實在不難想像，那些被稱為「罪人」的人，究竟如何仰慕耶穌的真情。此外，當法利賽人責問耶穌「為什麼與那種人一起用餐」時，耶穌回答的話語又是多麼地鮮明與強烈！

不是健康的人需要醫生，而是有病的人；我不是來召義人，而是召罪人。

當時讀文言文《聖經》的我，將這句話背得一清二楚。然而，耶穌的這句話，聽在法利賽人的耳中，又是做何感想？

「我找義人沒事，找罪人有事。」

耶穌如此反諷，法利賽人究竟聽懂多少？在此，先讓我們到《新聖經大辭典》裡查查看「法利賽」這個詞。「法利賽」有著「分離開來的人」之意，在當時的猶太教中是個相當有力的黨派。法利賽黨人極度嚴格地遵守猶太律法，對於潔淨的追求又特別嚴苛。

隸屬法利賽黨的人，是當時猶太人信仰與生活的指導者。「分離開來的人」，指的就是他們將自己與不潔之人劃清界限；也就是說，他們的生活態度立基於「唯有自己清潔」的意識上。

那麼，在他們的眼中，「不潔」的又是怎樣的一群人？那些人中有稅吏也有娼妓，總括而言，就是「異民」。「異民」指的是無法嚴格遵循律法中每一項細節的人，法利賽人將這樣的異民稱為罪人。

法利賽人認為自己凡事正確且清潔。對他們而言，其他人皆為處事不義與不潔的罪人；和不潔的人交往，只會玷汙自己的神聖性。因此，他們立下重誓，絕對不與稅吏或異民互相往來。所以，連和稅吏等異民一起旅行、做買賣、交易物品……等事，均被嚴厲禁止。法利賽人根本連想都沒有想過，要招待這些人或受邀作客；因此，與罪人同席共餐，當然絕不可能。

② 美國在一九五六年廢除交通工具種族隔離制度。

對於這樣的法利賽人而言，耶穌到稅吏馬太家與異民一同用餐，當然是一件驚天動地的大事！無論如何都難以饒恕！講得再俗氣直接點，簡直就是「汙穢不堪」。

## 耶穌不怕假道學

但是，我們可以從《聖經》各處發覺，耶穌多麼嫌惡法利賽人的這種心態。相反地，那些被法利賽人稱為罪人的人，卻為耶穌所深愛。只有在天主台前自認不配抬頭、謙卑地為自己的行為感到羞恥的人，才是耶穌真正喜愛的。

在當時的猶太社會中，耶穌挑選稅吏馬太作自己的十二門徒之一，是多麼革命性的事件！因此，我們也能體會到，那樣多的異民紛紛前來馬太家中的理由了。

可是，法利賽人卻完全無法理解耶穌的愛。為什麼？因為他們相信在天主面前唯有自己最正確又最公義。其實，那樣的心態本身才是天主台前最大的罪，只可惜他們不明白。

在下面這個章節中，我們可以看到自以為義的法利賽人與耶穌之間的對照性比較。

耶穌又進了會堂，在那裡有一個人，他的一隻手枯乾了。他們窺察耶穌是否在安息日治好那人，好去控告他。耶穌對那有一隻手枯了的人說：「起來，站在中間！」遂對他們說：「安息日許行善呢，或作惡呢？許救命呢，或害命呢？」

他們一聲不響。耶穌遂含怒環視他們，見他們的心硬而悲傷，就對那人說：「伸出手來！」他一伸，他的手就復了原。法利賽人一出去，立刻便與希律黨人作陷害耶穌的商討，為除滅他。（《馬可福音》第三章第一到六節）

老實說，這個部分我反覆讀了好幾次，還是搞不懂，為什麼法利賽人會對耶穌生氣到非殺他不可的程度？耶穌治好枯乾的手，豈不是一件好事？為什麼做好事反而會被殺？我實在無法理解。其實，我不小心漏讀了一個相當要緊的重點，也就是以下這句話：

「他們窺察耶穌是否在安息日治好那人，好去控告他。」

也就是說，在法利賽人的觀念中，安息日是不可以治療病人的。為什麼不可以？因為那樣做會違反法律。

## 第七天的安息日乃是天主的戒律

關於安息日，雖然我在之前出版的《舊約聖經入門》③中已經提過，但是為了說明上的需要，於此再做一次簡單的介紹。

③ 編者按：請參見星火文化出版的《三浦綾子：《舊約》告訴我的故事》第九章。

《舊約聖經》中這樣記載著安息日的起源：

應記住安息日，守為聖日。六天應該勞作，作你一切的事；但第七天是為恭敬上主你的天主當守的安息日；你自己、連你的兒女、你的僕婢、你的牲口，以及在你中間居住的外方人，都不可作任何工作。因為上主在六天內造了天地、海洋和其中一切，但第七天休息了，因此上主祝福了安息日，也定為聖日。
（《出埃及記》第二十章第八到十一節）

——《出埃及記》【《出谷紀》】

這就是著名的「十誡」所記載的安息日戒律。猶太人的法律並不只是單一國家的法令，而是遵守來自天主的命令。信仰堅篤的猶太教徒相當重視十誡，也特別嚴守這條視安息日為聖日的法律。

在今天的世界上，很多地方已將安息日從原本的星期六轉變為星期天。就連現代的日本，仍有些中小企業尚未確立週休制，猶太社會卻已在數千年前實施這條天主的誡命。我雖然只是個微不足道的平凡基督徒，卻也遵守將主日天視為聖日的原則。只要身體無恙，我和先生三浦一定會參與每個星期天的教會崇拜。就算稿子趕得焦頭爛額、或前夜睡眠不足，都不足以成為缺席的理由。為了守瞻禮主日，我們不會參加任何於星期天上午舉辦的其他活動。另外，如果在旅行中碰上星期天，就在當地找教會參加禮拜。

並不只我們這樣做，大部分的基督徒都如此遵守主日的敬拜。另外，有些工作無法在星期天休假，我也常聽說有人為了這個緣故而更換職業。

對我而言，星期天剛好是「崇拜日」（崇敬上主的日子），因此沒有任何抗拒的心理。但是，在日本，有些教派仍然遵循猶太教以星期六為安息日的原則。聽說那些教派的信徒，會專程向學校或公司請假，參加崇拜。

就算在現代，還是有人這麼做。因此，我們不難想像在基督的年代，熱心守法的法利賽人如何嚴守安息日的戒律，並徹底地實踐相關規定了。

基督的時代離初訂安息日已有一千數百多年。那段期間內，法律以十誡為根基，衍生出許多枝微末節的規定。如此的結果，淪為表面上固然遵從天主戒律，實際上卻更重視繁瑣的細則，成了相當露骨而形式化的信仰。

在此介紹一部分當時安息日禁做之事。無論發生什麼事，以下的事情都被嚴厲禁止：

一、播種
二、收割
三、買賣
四、生火
五、夫妻生活
六、準備餐點

七、九百公尺以上的步行
八、除了急病以外的治療
……等等。不僅如此，依照黨派不同，好像還有更細微的規定。
有一個死守文字表面「安息日」的極端例子，我也曾在《三浦綾子：《舊約》告訴我的故事》中提過。「從前，以色列曾經在安息日時受到敘利亞的攻擊，結果以色列人居然不戰而死。」④這個故事在《新聖經大辭典》中可以找到。

## 連耶穌都生氣了！

身處於如此重視安息日的社會，耶穌為什麼偏偏要挑安息日治癒病人的手呢？難道耶穌毫不重視安息日？其實不然。相反地，耶穌相當尊重聖日安息日；因此，對於那些流於死守枝微末節的形式化細則，祂更感悲嘆。從那些表面遵守、卻忘了安息日基本精神的人們身上，耶穌看出了更大的問題。

訂定安息日為神聖的日子，意義在於讓人有時間在天主台前安靜心神。但是在一千多年後耶穌的時代，安息日卻變成充滿禁止事項的日子。為了遵循繁冗的規矩，有人甚至開始互相監視起他人的行動來。

《聖經》裡的這個描述：

「他們窺察耶穌是否在安息日治好那人，好去控告他。」

就說明了他們真正目的在於「控告」。還有任何動機能比它更遠離天主本心嗎？這讓我想起大戰期間的日本。穿高跟鞋的是「非國民」、燙頭髮的是「賣國賊」、拒絕參拜神社的傢伙則應該下獄……戰時的日本人都是這樣彼此監視的。現在回想起來，那真是一段極其恐怖的黑暗年代。然而，當時的我們卻覺得很正常，絲毫沒有陰暗的感覺。因此，法利賽人一定也不明白，自己的生活態度對當時的猶太社會造成了多少毒害。耶穌想將所有子民從那片昏暗中解放出來，因此，才會明知他們想控告自己，還問出「安息日許行善呢，或作惡呢？許救命呢，或害命呢？」的問題。

然而，能夠回答這個問題的人，連一個也沒有。連如此明確的問題都無法回答，他們的信仰又算什麼？終究只是表面上的敬畏天主，心底卻根本不將天主的心意當一回事。

因此，《聖經》裡記載耶穌「含怒環視他們」。耶穌生氣了！那是耶穌的憤怒，與我們人類自私自利的憤怒截然不同。我從前總以為，不管遇到什麼事，耶穌永遠默默忍受絕不發怒，那樣的想法真是大錯特錯。

面對相信自己絕對正確的傲慢者時，耶穌儼然發怒了。他要那位手枯了的人出來站在中間，然後在眾目睽睽之下治好了他。

---

④ 編者按：請參見《三浦綾子：《舊約》告訴我的故事》第九章。

法利賽人馬上跑去找希律黨人，一起商討如何除掉耶穌。希律黨人原本害怕耶穌絕倫的狂熱人氣，深恐王位被頂替。就這樣，政黨與宗教結合。這情況有點類似於，平常明明交情不好的人，一旦說起上司或他人的壞話，便突然同仇敵慨、義氣相投地結合起來。人類就是這樣，就算立場相異，對於某些特定人物的憎恨卻往往相同。

換個角度來看，假設我們就是那個枯了一隻手的人，情況又會如何？枯了手是件相當不方便的事。我們豈不是連傷了一根小指頭都念念不忘，無論做什麼，心裡總是不暢快？總之，安息日不能治病這件事，原本不是出自天主的真意。那不過是將安息日「不可作任何工作」誇大並扭曲解釋罷了。禁止準備餐點也是一樣，都是後人畫蛇添足附加上去的。

對於那些生病的，或是手腳不方便的人而言，一分一秒都想早點擺脫痛苦。耶穌總是被大批的群眾包圍著，因此，能夠見到他的機會實在不大。如果錯過這次，就不能擔保是否還有下次了。

「今天是安息日，不能治病。」

如果耶穌這樣回答，那個手枯了的人該有多麼失望！耶穌馬不停蹄地周遊各個市鎮村莊，就算那人隔天又到同一個地方來，也不見得能再次見到耶穌。因此，即使冒著生命的危險，耶穌還是說了「安息日許行善呢，或作惡呢？許救命呢，或害命呢？」耶穌的愛多麼偉大！

在這段章節前，耶穌曾經說過以下這段話：

「安息日是為了人立的，並不是人為了安息日；所以，人子也是安息日的主。」

對於生活於現代的我們而言，這句話聽起來理所當然。但是，在講出這句話的當時，卻是上述所說的辛苦年代。換成是我們，能不能像耶穌一樣不顧性命，卻清楚明白地講出這些話來呢？

就因為「安息日」這個聽不慣的名詞，我幾乎以為那段經文與自己毫無關連，差點就囫圇吞棗地讀過去，甚至嘲笑他們堅守安息日的生活態度！

然而，回顧現今的世界，我們是否還笑得出來？舉例來說，金錢本是為人而存在的。但是，人成了金錢奴隸、或是為了錢失去人性的例子，卻又多得不勝凡舉。只要看看那些貪汙和腐敗的政治，就可以輕易瞭解，本應為人而存在的金錢，如何反過來毀了人類。

科學也是。它本該創造人類的幸福，原子彈的發明，卻又不知摧毀了多少人的性命。審判更是如此，本該為人謀利，卻問題繁生，出現了很多為維持法院本身威權而不公正的判決；再審制度的不易執行就是其中一例。不管是法律、國家或政治，出發點原本都是為了人類的益處。然而，就因為人總有個錯覺，以為這些東西的地位在人之上，因而衍生出各式各樣的問題。

「安息日是為了人立的，並不是人為了安息日。」

耶穌的這句話，實在洞察社會深處，並顯示其對恢復人性的殷殷期盼！

## 兩件真實的「奇蹟」

我雖然寫了許多關於安息日的事，相較於安息日，或許有更多人質疑「只要一句話就可治病」的奇蹟。《聖經》裡多處記載耶穌所行的奇蹟，因此，應該有不少人出於懷疑奇蹟，而終究放手不再讀《聖經》。那正是現代人的真實感受。

現在的我之所以對耶穌的奇蹟深信不疑，是因為明白了人類的智慧與力量，其實不如自己想像的大。人不過是受造物，僅能活上數十年，最後終究會死。生命如此有限的人類，對於廣大浩瀚的宇宙，究竟又知道多少？

偉大的數學家帕斯卡⑤曾說：「若將需要知道的事情比喻成大海，就算把全人類的知識加起來，也不到其中的一小滴。」就算人類成功登陸月球，所知道的還不到大海中的一滴水。

在此插入一個題外話。曾經有兩件事叫我深感「人類對於疾病，實在還有相當多的不解之謎」。關於這兩件事，我在散文中也曾經提過。雖然想要避免重複，但是討論疾病，它們實在不可或缺，請容我老調重彈。

其中之一發生在前年左右，我去探望一個睽別數十年的老朋友。自從十年前患了怪病後，她的手腳就無法動彈，話也說不出口，每天只能躺臥在病床上。但是，當她看到我不預期的來訪時，突然口齒清晰地叫出：「啊！堀田（我婚前的舊姓）老師！」

我原本聽說她口不能言，因此極為興奮，握住她的手說：「唉呀！妳可以講話嘛！」但是，在那之後，她又恢復到原先無法發聲的狀態。

另外一件事，發生在十多年前札幌的肢體重度障礙兒童的特殊學校裡。出於體能訓練上的需要，那所學校裡設有一座大浴場。當時在場看顧孩子們的佐藤副校長目睹那件事時，驚訝到差點連眼珠都掉出來！因為，患了小兒腦性麻痺的A君，竟然在浴池裡揮動雙手、悠遊漫步。平常的他，手腳總會不斷地發抖顫動。佐藤副校長就那樣觀察著A君，看他在入浴時身心放鬆地揮舞雙手漫步。

至於A君本人，對於副校長的視線渾然不覺。他洗完澡，出了浴池，穿回矯正器，便踱入外面的走廊。即使在走廊上，A君也依然悠閒地揮手漫步。副校長高興極了，便從後面出聲呼喚他：「A君！」

A君回過頭來，卻在那一瞬間回到原先的身體狀態。

「疾病究竟是什麼東西呀？」

佐藤副校長，也就是我當小學老師時的學年主任，曾經對我們發出這樣的感嘆。那位不能講話、卻在睽別數載後忽然清楚喊出「堀田老師！」的朋友，與入浴中渾然忘我而手舞足蹈的A君，似乎有著相似的特質。況且，兩人都在忽然驚醒後，回復到

⑤ Blaise Pascal，一六二三～一六六二。法國人，在數學、物理學和宗教哲學上都有卓越成就。

從前的模樣，這不也是另外一個共通點嗎？

## 真正的治癒

人類的本質，應該是超乎想像的複雜微妙。我曾經聽說，潛意識的世界佔了自我人格的八成以上；也就是說，平常我們所意識到的世界不過佔了兩成。在潛意識的世界裡究竟藏著怎樣的想法，可能連自己都無從得知。

如果我們能夠明瞭內心的深處，說不定能發現許多意外疾病。連自己也沒意識到的種種不安與恐怖、嫌惡感，全都沉重地壓在我們身上，最後恐怕導致賀爾蒙失調，因而毀壞體內原先的平衡。那樣的人體，我似乎可以想像。

因此，我們應該不難想像，當病人站在天主子耶穌基督的偉大愛情前時，忽然將自己從那些暗藏於心的煩惱與苦痛裡解放出來，因此恢復身體的自由。A君與我的朋友顯示的不過是一時的奇蹟，那些被耶穌治癒的病人，卻是永遠被治癒了。

在《聖經》裡，處處可見眼盲、聾啞、跛足、中風、婦女病……等疾病被治癒的奇蹟。除此之外，也有以五塊餅兩條魚餵飽五千多人，以及門徒們見到耶穌在海面上行走、嚇得大喊妖怪……等奇蹟的記述。要讀者一開始就完全相信那些奇蹟，當然不容易。我卻以為，就那樣老老實實地讀下去，才是讀《聖經》的方法。

為什麼這樣說呢？因為我相信寫《福音》的人絕不會無中生有。他們是相信天主的人，而真正信仰耶穌的人並不會做偽證。不過，我之所以相信他們所寫之事為真，並不只出於上述理由。

前文已提及，如果向那些記憶猶新的當事者吹牛或說謊，到頭來只會妨礙自己的傳教。這個簡單的觀念，相信誰都能明白。相反地，若能忠實呈現眾所皆知的事件，才容易引起大家的共鳴，不是嗎？無論是馬可、或是撰寫《聖經》的其他作者，都是為了當時的讀者而寫。他們恐怕也無法想像，自己的作品會被人們閱讀了數百年、或數千年。如果能夠這樣想，要老老實實地讀《聖經》似乎也就容易多了。如同現代的我們毫不懷疑地相信報上記載的新聞，當時的人想必也以同樣的心態閱讀《聖經》。

儘管如此，還是有些解說《聖經》的書籍否定奇蹟，或將之解釋為文學上的象徵手法。譬如：耶穌在海上步行，其實是耶穌在海邊行走，門徒們從遠處看錯了；以及五千人分食五餅而飽足，其實是因為他們自行攜帶食糧……等論點。

要如何解釋是個人的自由。我卻認為真正的重點在於，如果有心追求真理，就不該以人類微弱而有限的知識，對天主無限的能力妄下判斷。

# Q3

# 醫生眼中的耶穌——《路加福音》

## 受人愛戴的醫生路加

北杜夫①、堀內秀、以及渡邊淳一②，這幾位都是醫生作家。本行行醫卻同時寫作的人，《路加福音》的作者路加或許是第一位。

馬太原是稅吏、馬可是惹事之人；然而，路加在《聖經》裡卻有「親愛的醫生路加」之稱號，可見他受人愛戴。

我認為，《聖經》作者若是醫生，應該會帶給讀者相當微妙的心理影響。這樣的想法或許來自我個人的漫長療養經驗。無論如何，身為病患的我讀《路加福音》，的確深感親切。

我所屬的教會大約有兩百多位信徒，其中有五位醫生，比例上而言應該不算少。說不定這五個人也都像我一樣，對《路加福音》的作者感到親切！

先不講題外話，這本《路加福音》，是用古典希臘文學般美麗的希臘文寫成的。另外，《路加福音》還有一本續集：《使徒行傳》。也就是說，路加連續寫了兩本書：《路加福音》與《使徒行傳》。

——《使徒行傳》【《宗徒大事錄》】

① 北杜夫，生於一九二七年，本名：齋藤宗吉。東京市出生，慶應大學醫學博士，神經科醫生兼小說家。以《夜と霧の隅で》得到芥川賞。

② 渡邊淳一，一九五八年生於北海道，醫學博士。以《光と影》得到直木賞。著作很多，例如：《失樂園》、《無影燈》等等。一九九八年「渡邊淳一文學館」在北海道札幌開館。於二〇一四年逝世。

這本《福音》書，和其他《福音》的開頭相當不同。《馬太福音》的起頭是：「亞伯拉罕之子，大衛之子耶穌基督的族譜」相當乾澀無味。《馬可福音》則是：「天主子耶穌基督福音的開始」，極為簡潔有力。

可是，路加卻從給提阿非羅這號人物的獻詞開始了這本書。

關於在我們中間所完成的事蹟，已有許多人，依照那些自始親眼見過，並為真道服役的人所傳給我們的，著手編成了記述，我也從頭仔細訪查了一切，遂立意按著次第給你寫出來，為使你認清給你所講授的道理，正確無誤。

這樣的開場白，比起馬太或馬可的寫法，似乎叫人更容易進入狀況。讀者雖然不知道這位提阿非羅閣下是何許人也，卻明白此書是為某人而寫的。因此，就算從未接觸過《聖經》的人，也會產生親近感。我常想，如果《新約聖經》不是以《馬太》，而是用《路加》做開頭的話，說不定會因此讀者大增！你們覺得呢？

雖然如此，這位提阿非羅閣下的真實身分，直到如今卻還是個未解之謎。能夠斷言的只是，他並非猶太人。這似乎表示，此部《福音》書不以猶太人為對象，卻是為外邦人寫的。

另有一種說法是，開場白記載的提阿非羅閣下其實是出版商，也就是幫路加複寫這

—提阿非羅【德敖斐羅】

部《福音》的人。

翻開《路加福音》的第一章，最先看到的是約翰誕生的記錄。這位約翰即為先前在《馬太福音》中提及的施洗的約翰，被妖妃希羅底陷害而慘遭斬首的先知。路加認為約翰是向民眾宣告基督到來的重要人物，所以《福音》應該從約翰的故事開始講起。

「遂立意按著次第給你寫出來。」

從這句給提阿非羅閣下的話中，也可以明白看出他的想法。

路加所寫的《福音》有一個特徵，不僅有寬廣的社會性視野，批判也相當精準。另外，從他被尊稱為歷史家這點看來，也顯示出他忠於史實的考究。路加的《福音》中還有許多助於理解的豐富比喻。從這點看來，若能從《路加福音》開始讀《新約聖經》，似乎也是個不錯的選擇。

## 命竟是被陌生人救的！

在這裡，我想從僅出現於《路加福音》中的幾個比喻裡，挑出兩三則來介紹。其中之一就是有名的「慈善的撒瑪利亞人」的比喻。

—撒瑪利亞【撒瑪黎雅】

走進札幌的安養院「神愛園」，就會看見掛在玄關的巨大畫作。畫的內容是一位正在看護傷患的人，也就是這個章節裡的「慈善的撒瑪利亞人」。

我相當喜愛這個比喻，在自己的小說《鹽狩嶺》中也曾經引用。因為《鹽狩嶺》的故事背景在明治年代，所引用的《聖經》自然是文言文版。小說中的主人翁在失眠時讀的地方，白話文版是：

有一個法學士起來，試探耶穌說：「師傅，我應當做什麼，才能獲得永生？」

接著，耶穌這麼回答：

耶穌對他說：「法律上記載了什麼？你是怎樣讀的？」他答說：「你應當全心、全靈、全力、全意愛上主，你的天主；並愛近人如你自己。」耶穌向他說：「你答應的對，你這樣做，必得生活。」但是，他願意顯示自己理直，又對耶穌說：「畢竟誰是我的近人？」耶穌答說：「有一個人從耶路撒冷下來，到耶利哥去，遭遇了強盜；他們剝去他的衣服，並加以擊傷，將他半死半活的丟下走了。正巧有一個祭司在那條路上下來，看了看他，便從旁邊走過去。又有一個利未人，也是一樣；他到了那裡，看了看，也從旁邊走過去。但有一個撒瑪利亞人，路

—耶利哥【耶里哥】

—祭司【司祭】

—利未【肋未】

過他那裡，一看見就動了憐憫的心，遂上前，在他的傷處注上油與酒，包紮好了，又扶他騎上自己的牲口，把他帶到客店裡，小心照料他。第二天，取出兩個銀錢交給店主說：『請你小心看護他！不論餘外花費多少，等我回來時，必要補還你。』你以為這三個人中，誰是那遭遇那強盜者的近人呢？」那人答說：「是憐憫他的那人。」耶穌遂給他說：「你去，也照樣做罷！」（第十章第廿五節以下）

一路讀下來，似乎沒有什麼太難懂的地方。問題是，讀者會將自己視為故事中的哪個角色呢？是那個將旅行者打得半死不活的強盜嗎？應該不會有人會這樣想吧！在這個世界上，雖然有加害者與被害者兩種不同類型的人，但是，就算是常常傷害他人的加害者，恐怕也不會把自己想成強盜。

那麼，是那個被打得半死不活的旅行者嗎？會這樣想的人，說不定佔了些許比例。我剛剛也提過，有些人總是認為自己被人欺負。不，不只是認為，事實上，遭受欺凌的受害者的確存在。

接下來，有人會覺得自己是那個拋棄傷者，並從旁邊走過去的祭司或利未人嗎？我想，這樣的人就算有，應該也為數不多。至少，會這樣清楚看出自己本性的，應該是相當洞悉自我的人。

曾經，有位朋友開車經過車禍現場，目睹一個年輕人隨車滾落到草堆裡，身上血跡斑斑。我的朋友認為光憑自己無法救助，便想攔下經過的車輛救援。可是，圍觀的人雖多，卻沒有任何人肯伸手幫忙，或許害怕弄髒自己的衣服、或讓車子沾到血跡，以至於惹事生非。

這豈不是我們最真實的原貌？就算是以治療救助病人或傷患為業的醫院，也會拒絕急病患者或重傷之人，讓傷患到處碰壁而不治而亡。像這樣的例子並不罕見。

最後，我們是否將自己視為那位好心的撒瑪利亞人？在這世上，真正能像那位撒瑪利亞人般行善的人，應該微乎其微。然而，閱讀這段經文時，我們豈不容易自視為那個善良的撒瑪利亞人？

## 我們總是「旁若無人」

這個比喻雖然看來簡單易懂，我們還是來深入探討吧！耶穌對誰說出這番比喻呢？《聖經》這樣記載：

有一個法學士起來，試探耶穌說：

依照經文，祂的對象是一位法學士。那個法學士恐怕連作夢也沒想過，自己會從耶穌口中聽到這一番話。法學士一開始就沒以謙虛的心，聆聽耶穌的回應。他的目的，只是想試探盛名的耶穌，是否如傳說中那麼偉大又有豐富的法律學識。法律是自己的專門學識，因此，他想知道耶穌到底懂得多少。

他既然抱持著如此不屑的念頭，所提出的疑問自然是難題中的難題，也就是關於永生的問題。

耶穌一眼看出法學士的企圖。在《聖經》中，到處有為了陷害或控訴耶穌而來試探的人。但是，耶穌卻每每以驚人的準確性看透那些人。在這裡，耶穌同樣立即看破法學士不安好心。

法律上記載了什麼？你是怎樣讀的？

對於精通律法的法學士，祂提出了這樣的反問。法學士馬上朗朗道出想必事先準備好的答案來：

你應當全心、全靈、全力、全意愛上主，你的天主；並愛近人如你自己。

回答的時候，法學士的表情想必洋洋得意。因為，那的確是標準答案，證實自己的學識如假包換。但是，耶穌卻回答：

你這樣做，必得生活。

這句話，馬上戳穿了法學士的虛有其表。因為他向來忽略「要愛上主，並愛近人如己」的實踐。不單單只是忽略，他竟義正嚴詞地追問：

畢竟誰是我的近人？

我想，應該沒有人不知道「近人之愛」。可是，對於「近人」一詞，我們究竟又有多大的瞭解？一提到近人，應該會有人毫不猶豫地覺得是住在附近的人吧！說不定也有人將朋友或認識的人包含在內。

日本俳聖松尾芭蕉③有一首著名的俳句：

「秋深矣，不知鄰人，何事忙？」

現實生活中，我們對鄰居的感覺不也是這樣嗎？鄉村小鎮已經如此，更別提大都會了，我們與鄰居近人之間的距離不知有多麼遙遠。江戶時代的松尾芭蕉竟然已經寫出這樣的句子，令我驚訝萬分。

暫且不提這些，假設有人問：「誰是我的近人？」，我們又會怎麼回答呢？在此，耶穌舉出遇盜旅人的比喻。這個比喻不但具體，還一針見血。故事中對旅人冷漠、視而不見的祭司和利未人（在聖殿工作的人），正是對耶穌提出疑問之法學士的「同類」。相反地，卻是那些遭他們輕視、劃清界限的撒瑪利亞人親切地伸出援手。

插個題外話，猶太人究竟為什麼如此歧視撒瑪利亞人呢？那是因為，撒瑪利亞人是猶太與異國的混血人種，宗教信仰也因此和猶太教相異。猶太人平時絕對不與撒瑪利亞人交談。此外，除非特殊緊急狀況，他們也絕對不經過撒瑪利亞的土地。因此，猶太人不但稱呼他們為「住在舍根的愚民」，也用「像撒瑪利亞人一樣」一詞來嘲笑別人。然而，耶穌卻一點一滴地描述了遭受猶太人敵視輕蔑的撒瑪利亞人所做的善行：

一看見就動了憐憫的心
遂上前，在他的傷處注上油與酒，包紮好了
扶他騎上自己的牲口
把他帶到客店裡，小心照料他

到了隔天，又取出兩個銀錢交給店主。在當時，一個銀錢等於勞動者一天的工資。據說那個時代的旅費相當便宜，一個銀錢可以住上十二夜。所以，他等於是一口氣付了二十四天的住宿費。說完比喻，耶穌轉而詢問法學士：

③ 松尾芭蕉，寬永二十一年（一六四四）～元祿七年（一六九四）。日本江戶前期的重要俳句詩人。對日本俳句影響巨大。

這三個人中，誰是那遭遇強盜者的近人呢？

耶穌等於是告訴法學士：「所謂近人，乃是由自己的憐憫之情產生的。」然後，又要他「也要照著撒瑪利亞人那樣做。」

《聖經》裡並沒有記載，法學士後來是否變成他人的「好近人」。在我個人的想像中，法學士想必不改對耶穌懷抱的無限憤恨與敵意。因為，撒瑪利亞人竟被比喻成好人，祭司和利未人反而被講成冷眼旁觀的人。

在這裡，一起閱讀這段比喻的我們，其實也領受了相當大的教訓。

「誰是我的近人？」

近人不是指相當親近的人。就算只是擦肩而過的路人，只要對方需要我們做該做的事，就是我們的近人；反之，正因為我們做出原本就該做的事，近人才因此產生。最近，連對父母至親都能冷淡說出「和我無關！」的現代人，究竟以怎樣的心態來看待耶穌的這個比喻呢？

## 浪子回家了！

接下來，讓我們一起來讀這段被芥川龍之介④激賞為「短篇小說之極致」的《路加福音》第十五章第十一節以下的部分。

一個人有兩個兒子，那小的向父親說：「父親，請把我應得的一份家產給我罷！」父親遂把產業給他們分開了。過了不多幾天，小兒子把所有的一切都收拾起來，就往遠方去了。他在那裡荒淫度日，耗費他的資財。當他把所有的都揮霍盡了以後，那地方正遇著大荒年，他便開始窮困起來。他去投靠一個當地的居民；那人打發他到自己的莊田上去放豬。他恨不能拿豬吃的豆莢來果腹，可是沒有人給他。他反躬自問：「我父親有多少傭工，都口糧豐盛，我在這裡反要餓死！我要起身到我父親那裡去，並且要給他說：『父親！我得罪了天，也得罪了你。我不配再稱作你的兒子，把我當作你的一個傭工罷！』」他便起身到他父親那裡去了。他離得還遠的時候，他父親就看見了他，動了憐憫的心，跑上前去，撲到他的脖子上，熱情地親吻他。兒子向他說：「父親，我得罪了天，也得罪了你，我不配再稱作你的兒子了！」父親卻吩咐自己的僕人說：「你們快拿出上等的袍子來給他穿上，把戒指戴在他手上，給他腳上穿上鞋，再把那隻肥牛犢牽來宰了，我們應吃喝歡宴，因為我這個兒子是死而復生，失而復

④ 芥川龍之介，明治二十五年（一八九二）～昭和二年（一九二七），日本重要的小說家。作品以短篇小說爲主，重要的作品爲：早期的《羅生門》、中期的《地獄變》、晚期的《河童》。

得了」；他們就歡宴起來，那時，他的長子正在田地裡，當他回來快到家的時候，聽見有奏樂及歌舞的歡聲，遂叫一個僕人過來，問他這是什麼事。僕人向他說：「你弟弟回來了，你父親因為見他無恙歸來，便為他宰了那隻肥牛犢。」長子就生氣不肯進去，他父親遂出來勸解他。他回答父親說：「你看，這些年來我服事你，從未違背過你的命令，而你從未給過我一隻小山羊，讓我同我的朋友們歡宴；但你這個兒子同娼妓們耗盡了你的財產，他一回來，你倒為他宰了那隻肥牛犢。」父親給他說：「孩子！你常同我在一起，凡我所有的，都是你的；只因為你這個弟弟死而復生，失而復得，應當歡宴喜樂！」

在芥川龍之介之前，這段比喻早已被譽為世界上最偉大的短篇傑作了。正因為它有深厚的文學性，不管誰讀，都心有所感。每當讀到這段章節，總會叫我聯想起一個故事來。

一對富有的夫婦，只有一個兒子。獨生子受盡寵愛，得寸進尺，索求無度。到最後，甚至說出「反正繼承遺產的就只有我一個人，不如現在就把財產分給我吧！」他的父親那時正值壯年，兒子卻似乎已經等不及他過世。那位父親從此心灰意冷，厭惡自己的兒子，並決定在死前將財產全部花完。這真是個光聽就叫人心寒的事件。

《聖經》裡的小兒子也說出「父親，請把我應得的一份家產給我罷！」這跟前述故事中的獨生子很像，不同之處，是兩個父親的處事態度。比喻裡的父親應孩子要求，將財產分給了兩兄弟。依照猶太律法，長子應得三分之二、次子應拿三分之一。在這裡，我們要特別留意的是，兄弟倆同樣分得財產，弟弟的財產一到手，馬上變賣殆盡去了遠方，哥哥卻依然留在父親身邊。

## 「只要我高興有什麼不可以？」

在此有個疑問：為什麼那位父親順著小兒子的要求分財產？父親應該很瞭解兒子的性格才是。因此，他明明知道卻還是分了財產。那位父親就算到臨終時才分家，也不算沒有盡到做父親的責任。那麼，他究竟是為什麼聽從小兒子的要求呢？

其中有一部分原因與自由意志有關。人類無論本於怎麼樣的思想、做出什麼樣的行為，其中必有自由存在。說出「我想要父親的財產」是自由，心中想要卻不說出也是自由。同樣地，拿到財產後，揮霍殆盡是自由，努力工作使之增加也是自由。此外，就算聽到父親說要分財產，依然有不接受的自由。

「自由」一詞，經常被解釋成凡事順從己意、做一切想做之事。其實，真正的自由是指，可以自由地決定「做」或「不做」。有吸菸的自由，也有不吸菸的自由；有飲酒的自由，也會有不飲酒的自由；有外遇的自由，同樣也有不外遇的自由。如果因為自己的意志薄弱，無法抵抗而被慾望牽著鼻子走，絕對稱不上是真正的自由。在這樣的觀點上看來，那些只能順從自己的意識行動，還誤以為過著極度自由生活的人，其實才是最不自由的。因為，他們不過是無力抵抗慾望，而被控制罷了。

故事中的父親雖然有分財產的自由，同樣也有拒絕分家的自由。對於小兒子將家財揮霍殆盡這件事，恐怕父親早就預見了。

一路看下來，叫我想起《聖經》裡的一段話。

> 他們既不肯認真地認識天主，天主也就任憑他們陷於邪惡的心思，去行不正當的事。

眾所皆知，世界上存在著「雖然做盡壞事，卻依然繁榮昌盛」的事實。看到那樣的案例，一定有人開始質疑天主的存在。然而，世界上再也沒有比「任憑他們去行不正當的事」更大的懲罰了。因為，那其實等同於任憑他們走向毀滅之途。故事裡的浪子是個例子，一頭栽進通往毀滅的道路。想要做自己想做的事情時，大部分的人都會離家出走。世界上搞外遇的丈夫，絕對不會把女人帶回家裡，反倒是瞞著妻子，偷偷摸摸地在外頭辦事。

如果留在家裡，在父母或妻子的耳目下，想必很難做出什麼散盡家財的事。這個小兒子也是，因為離家才把財產花得精光。不巧的是，剛好遇上大荒年，他便因此窮困潦倒，淪落到幫人放豬的地步。

我們聽到「放豬」這個詞時，並不會聯想太多，因為養豬也是個正當的好職業。但是，當時的以色列人絕對不會養豬；不但不養豬，連豬肉也絕對不碰。因為律法上明文規定，豬是不潔的動物，不可以吃。《舊約聖經．申命記》第十四章第八節：

至於豬，雖有偶蹄，卻不反芻，對你們也是不潔的；你們不可吃這些走獸的肉，也不可摸牠們的屍體。

——《申命記》【《申命紀》】

猶太的律法並不僅是單純的法律，更是宗教上的戒律。因此，對於猶太人而言，吃豬肉或養豬就等於捨棄自己的神。在那個時代，曾經有一些掌權者，為了強迫猶太人放棄信仰，逼迫他們吃豬肉。那樣的行為對他們而言，就如同「踏繪」⑤一般。當時，豬既然如此汙穢不堪並惹人嫌棄，比喻中「打發他去放豬」這句話，便顯得沉重萬分，也帶有「捨棄自己的神，淪為異教徒的奴隸」之意。對於猶太人而言，那是比嫖妓更糟糕的事，代表精神的頹廢，也就是完全的墮落，再沒有任何事比它更墮落了。

⑤ 按：「踏繪」（踏絵），日本江戶時代禁止並迫害天主教徒時，將十字架或聖母像等鑲鑄成銅板，強迫人民對其唾辱或用腳踐踏，以測驗是否爲教徒。拒絕唾棄或踐踏的全被拘捕、處罰。

不僅如此，故事中「他恨不能拿豬吃的豆莢來果腹」這句話，代表的正是與豬同等，甚至比豬更髒、更卑下的意思。這真的是相當值得我們深思的一段。正因為對以上的背景有所瞭解，接下來才會因此產生「他反躬自問」這句話。

## 回家的感覺

「反躬自問」，指的是什麼呢？那代表想起自己的家，想起自己的父親，也想起真正最愛自己的人；另外，也想起了要回家這件事來。家，從信仰的角度看來，指的正是天主的國度。而父親這個角色，代表的即為天父。

之前已經說過，人在墮落的時候總會離家遙遠。一旦從墮落的泥沼浮起，與家的距離也就近了，同時更表示，漸漸回復了與天主的關係。

故事中的浪子非要等到自己幾乎餓死，才回想起家中有豐盛的食物以及大量的傭工，也才明白自己從前住過的地方是如此地豐盛富饒。可見，在那之前，他連想也沒想過。要小兒子瞭解這個事實，似乎非把他逼到餓死的絕境不可。人們總是如此，輕易忘記自己已得到的豐富恩典，輕易忘記傾注在身上滿滿的愛。

踏著蹣跚的腳步，小兒子回到父親的身邊。當他還離家遠遠的時候，就已經被苦等的父親一眼認出。父親憐憫小兒子，抱著他的脖子親吻。真是叫人感動的畫面：那是雖然不知道孩子今天或明天回來，卻還墊著腳尖日夜眺望的父愛。

「我不配再稱作你的兒子了！」

對於這個抬不起頭來的小兒子，父親卻為他穿戴上最好的袍子和戒指，在他的腳上套上鞋。當時的奴隸並不穿鞋，因此，穿鞋這個動作等於父親認同小兒子，讓他成為一個真正的自由人。

父親要人宰了肥牛犢，並為兒子舉辦奏樂歡舞的慶宴。他之所以這樣大肆慶祝，是因為「我這個兒子是死而復生，失而復得了」。

接下來，從田裡工作回來的，是小兒子唯一的兄弟大兒子。哥哥一聽說為迎接弟弟而舉辦了宴會，就氣得連家門都不肯進去。哥哥心裡想：「那不成材的傢伙，如果死在荒野裡不是更好嗎？」對著出來勸解的父親，大兒子毫不客氣地發飆：

這些年來我服事你，從未違背過你的命令，而你從未給過我一隻小山羊，讓我同我的朋友們歡宴；但你這個兒子同娼妓們耗盡了你的財產，他一回來，你倒為他宰了那隻肥牛犢。

「你這個兒子」，是多麼冷漠的稱呼。大兒子住在父親家裡，雖然從來不曾違背他的命令，我們卻能由這段露骨的抱怨中想像，他的日子絕對不那麼好過。身體固然接近，心靈卻其實距離父親相當遙遠。大兒子與父親住在一起，共享財產，卻完全無法享受共有的喜悅。弟弟想念爸爸般的思慕之情，在這個大兒子身上也都看不見。

耶穌講這個比喻的對象，是忠實遵守法律的法利賽人和經師；也就是那些來到與稅吏及罪人同食共飲的耶穌面前、批評他「交接罪人，又同他們吃飯」的法利賽人與經師。當時在一旁的稅吏與罪人，聽到耶穌的這個比喻時，心中真不知有多麼的喜悅！

## 耶穌的比喻不好理解

幾乎所有的飯店客房中，都會安放一本由某團體寄贈的《聖經》。然而，不管什麼時候，那些《聖經》總像新的一樣，幾乎沒有被翻閱過的痕跡。每個人的心中，或多或少都存在《聖經》難以閱讀的既有印象吧！《聖經》雖然不是處處艱深，卻的確有些不容易懂的章節。

接下來要介紹的這個比喻，雖然故事情節相當有趣，卻很難理解。其實，不只一般人覺得這段經文難懂，對牧師或神學家而言似乎也不簡單。

「《路加福音》第十六章，那個關於『不忠信的管家』的地方。」

只要這樣一提，稍微讀過《聖經》的人一定會說：「啊啊！就是那個不好懂的章節吧！」

我自己也聽過幾次牧師對這個章節的講道或解說，卻總有幾個地方卡住而無法認同。那的確是一段相當難懂的章節。我將它引用於下，讓我們一起來想想，耶穌究竟為什麼這樣說。

耶穌又對門徒們說：「曾有一個富翁，他有一個管家；有人在主人前告發這人揮霍了主人的財物。主人便把他叫來，向他說：『我怎麼聽說你有這樣的事？把你管理家務的賬目交出來，因為你不能再作管家了。』那管家自言自語道：『主人要撤去我管家的職務，我可做什麼呢？掘地罷，我沒有氣力；討飯罷，我又害羞。我知道我要做什麼，好叫人們在我被撤去管家職務之後，收留我在他們家中。』於是，他把主人的債戶一一叫來，給第一個說：『你欠我主人多少？』那人說：『一百桶油。』管家向他說：『拿你的賬單，坐下快寫作五十。』隨後，又給另一個說：『你欠多少？』那人說：『一百石麥子。』管家向他說：『拿你的賬單，寫作八十。』主人遂稱讚這個不義的管家，辦事精明；這些今世之子應付自己的世代，比光明之子更為精明。我告訴你們：**要用不義的錢財交結朋友**，為在你們匱乏的時候，好叫他們收留你們到永遠的帳幕裡。在小事上忠信的，在大事上也忠信；在小事上不義的，在大事上也不義。那麼，如果你們在不義的錢財上不忠信，誰還把真實的錢財委託給你們呢？如果你們在別人的財物上不忠信，誰還把屬於你們的交給你們呢？沒有一個家僕能事奉兩個主人的：他或是要恨這一個而愛那一個，或是要依附這一個而輕忽那一個：你們不能事奉天主而又事奉錢財。」（十六章第一至十三節。粗體字為筆者自標）

## 照字面解釋有危險

這段章節，我不管讀了多少次，總會在粗體字的地方卡住。管家要債戶們拿帳單來改寫，是出於管家的狡猾，依他的作風來看，並沒有什麼值得大驚小怪的。讓我發愣的卻是，原來世界上有這樣奸詐狡猾的人，不但大筆揮霍主人的財物，連到最後也保持一貫作風。因此，對我而言，接下來的那句話就更加出乎意料。

主人遂稱讚這個不義的管家，辦事精明。

這位主人究竟是怎麼樣的人物？倘若是一般人，對於這種狡詐的管家，就算不生氣，也不至於稱讚吧！那簡直太過寬宏大量了。另一個可能是，那位主人向來也用不義的方式賺錢。讀完之後會這樣想，其實是相當自然的事。

不僅如此，耶穌接著講的話更讓我們混亂。耶穌說：「**這些今世之子應付自己的世代，比光明之子更為精明。**」

這句話倒還可以理解。今世之子，指的是以財富為優先，將心靈生活擺在其次的人們，可以用故事中的管家作代表。反之，光明之子指的則是將天主擺在第一位，錢財反在其次的人們，這裡說不定是指祂的門徒們。「這個管家可比你們都還有敏銳的時代感呢！尤其在對金錢的敏感度上。」耶穌一定是想這樣說吧！

直到這裡都還算可以理解，問題卻出在接下來的地方。耶穌說：「**要用不義的錢財交結朋友，為在你們匱乏的時候，好叫他們收留你們到永遠的帳幕裡。**」這句話其實和比喻中主人稱讚不義管家互相呼應，給我們帶來一種耶穌鼓勵不義行為的印象。

這樣一來，我原本不好的腦袋就更加混亂了。通常，《聖經》裡的耶穌總會為人類帶來真正的喜悅與感動；更何況，祂還是背負人類之罪而被釘在十字架上的救主。既然如此，救主又怎會說出如此叫人無法認同的話呢？

首先，人類怎麼能夠用金錢結交朋友？用不義的錢財又怎能交到真正的朋友？況且，人果真能從人手中獲得永遠的帳幕？

讓我們再度回到不義管家的身上，好好地想一想。就算他讓債戶們竄改帳單，一旦被撤去了管家之職，人們想必不再感謝他或卑躬屈膝。人類就是如此無情的生物，不但無情還自私自利。那些人一定認為，與其討好這個不再是管家的人，還不如去討好債權的主人，來得更重要。

就算是現代，對於那些在大企業或官方身居高職的人，下屬或客戶一定也畢恭畢敬，動靜皆不失其禮。可是，一旦退下職位，就算那些自己曾經用心栽培的人，也會反目不顧，頓時遠離。

富裕時交往的朋友，幾乎沒有多少人會在貧困後還保持交情。耶穌不可能不知道如此現實的狀況。那麼，這裡所描寫的，會不會是耶穌獨特的反諷法？祂是不是故意說成相反的話呢？

「你們放心地去作奸犯科吧！為了自身的利益去賺錢牟利吧！這樣一來，等到你們身無分文時，一定會受到大家熱烈歡迎，並被迎接到永恆的安居之所。」如果真是這樣的話，我倒是比較能理解。

接下來，是「在小事上忠信的，在大事上也忠信。」不管怎麼想，都難以將比喻中的管家想成完全忠於自己職務的人。我以為，哪裡會有正常人想將大事託付給這種人呢？耶穌也明白地說：「如果你們在別人的財物上不忠信，誰還把屬於你們的交給你們呢？」我覺得，這句話證實了耶穌並不認同那個管家的忠信。因此，到最後，管家肯定什麼也得不到。

最後，「你們不能事奉天主而又事奉錢財。」這句話完全否定了管家，好不容易才叫我認同。故事中的管家只追求財富，可是，只追求財富的人是沒有辦法侍奉天主的。如果耶穌在這段比喻中所要教我們的是，「不能事奉天主而又事奉錢財」，以上我的個人想法就都暢通無阻了。也就是說，我認為耶穌應該是用著反諷的手法在說教。

然而，一切似乎都只是我一廂情願的想法。

## 不懂的經文，別硬解釋

然而，我曾經聽過的講道和讀過的註解書裡，都將比喻中的「主人」解釋為基督本人。我只懂日文，《聖經》也只讀日文的翻譯版本，但是據說，原文的希臘文版本裡，對於稱讚不義管家的那位主人，路加似乎使用了只會用在耶穌身上的定冠詞ho（相當於英語的the）來稱呼kurios（主人，即英語的master），這樣一來，那位主人指的便是基督，他並不是諷刺，而是真正稱讚了。

那麼，不義的管家為什麼又被基督大力稱讚呢？幾乎所有的註解都說，並非管家的「不義」受到稱讚，而是不義管家的「辦事精明」受到稱讚。當管家知道自己的職務將盡，便於最後關頭相當認真地考慮該如何自力救濟。主人所讚美的，正是他的那份認真。因此，這個比喻告訴我們，也要像他一樣認真地為自己生命結束之日做打算。

要對耶穌所做的比喻加以抱怨，實在令我惶恐不已。不過我實在覺得，既然如此，為什麼不用更適當的例子來比喻呢？好像沒有必要拿不義管家的那種行為來舉例嘛。對於這一點，傲慢的我實在難以理解。

另外，這個比喻在「稱讚」上畫了終止符，接下來講的就是完全不相干的事情了。因此，也有人說不應該將兩段連在一起讀，混在一起反而複雜。還有一個聖經學家指出，「要用不義的錢財交結朋友，為在你們匱乏的時候，好叫他們收留你們到永遠的帳幕裡。」這段話，是後人附加上去的。

拿我的例子來講，我擅自以為前述 ho kurios 是抄寫員不小心寫錯，或是耶穌用的明明是反諷法，卻被嚴肅而一字不漏地照抄下來了。我完全忘了自己連一個希臘字也不懂，就這樣穿鑿附會地強加解釋。

話說回來，我依然深深以為，之所以造成這樣的混亂，責任應該不只在於讀者的程度不足。混亂的原因之一，可能就是來自對於「錢財」的誤解吧！就連現代的基督徒，也常有人誤將「富有」與「天主的恩寵」劃上等號。也就是說，只要看到生意興隆或是不虞匱乏的人，就容易以為那是信德堅定所得到的賞報。雖然耶穌明言說出：「你們不能事奉天主而又事奉錢財」；但是金錢的有無，似乎和信仰沒有太大的關係。會不會就是曾經有過一段時期，人們對金錢的看法產生了微妙的變化，才因此造成這樣的誤解呢？

另外，這裡的「不義的錢財」，在原文裡似乎有著「現世的錢財」之意。在《新聖經註解》一書中，也提到「『不正不義』，指的是『用來表達世界終結後，無法再實現的現世之物的宗教用語』」。

不管怎麼樣，《聖經》有其獨特的歷史背景，所用語言的含意與氛圍也都不同，如果單憑己力去勉強解釋，很容易和我一樣主觀曲解。因此，謹將我的經驗記錄於此，藉以提醒大家。

《聖經》到處充滿了無法理解的詞彙與難懂的章節。有一位我相當尊敬的牧師曾說：「就算《聖經》中有些耶穌才懂的詞彙，那又怎麼樣呢？總有一天，祂會想辦法讓我們明白那些不懂之處。所以，根本沒有必要去勉強解釋不懂的章節！」

除此之外，關於應避免曲解《聖經》，接下來的這段話也做了相當的警告：

「在這些書信內，有些難懂的地方，不學無術和站立不穩的人，便加以曲解，一如曲解其他經典一樣，而自趨喪亡。」（《彼得後書》第三章第十六節）

——《彼得後書》【《伯多祿後書》】

# 04

# 小帥哥門徒眼中的耶穌——《約翰福音》

## 難民幫忙翻譯的《福音書》

今年四月我到澳門旅行，是為預定於明年動筆的小說《海嶺》①取材。

這本小說套用的故事發生在天保二年（一八三一年）。一艘約一百噸的千石船「寶順丸號」，乘載名古屋知多半島小野浦的船員出港，卻遭遇暴風雨，隨波逐流了長達一年又兩個月之久。在海難中失去帆柱與船舵的「寶順丸號」，最後漂流到加拿大西岸的夏洛特皇后群島。十四名船員中有十一人遇難，撐到最後的只剩三個人。

這三名船員被當地的印第安人抓去使喚，苦不堪言。英國商船聽到消息後相當同情，想辦法救出他們，後來還經麥哲倫海峽將三人送至倫敦。據說，他們是有史以來第一次到達倫敦的日本人。

在那之後，他們經由非洲的好望角被送到澳門去，託付給一位名叫郭士臘（Charles Gutzlaff）②的傳教士照顧。郭士臘是精通二十多國語言的語言學天才，在那個時代，他的手邊就已經有英日、日英辭典了。

郭士臘向這三位難民學習日文，並在他們的幫助下將《福音》首次翻譯成日文。多年來，他們三人一邊協助翻譯、一邊夢想著要回到故鄉。好不容易機會來了，這三名船

① 編者按：這本小說於一九八八年出版。
② Karl Friedrich August Gutzlaff，一八〇三～一八五一。德國東部出生的基督新教傳教士。

員搭上摩利森（Morrison）號航向日本，再次見到國土的喜悅簡直無法形容。然而，當時的日本實施鎖國政策，載著歸國日人的摩利森號，竟因幕府實施的「外國船打退令」而被毫不留情地趕了出去。就這樣，心碎的三人被送回澳門。

我造訪澳門的目的，就是為了寫他們的故事。

他們幫助郭士臘翻譯的那部《福音》即為《約翰福音》。《聖經》中有很多相當著名的句子，《約翰福音》開頭的「在起初已有聖言」，就是其中之一。

我在前面已經提過，《聖經》裡共有四部《福音書》。其中，《馬太》、《馬可》、與《路加》三部被稱為「共觀福音」，彼此有很多類似的共通點；唯獨《約翰福音》的主旨較為不同：一方面敘述與基督相關的史實，另一方面又傾向於神學。另外，《約翰福音》還有一個特徵，就是自始至終只宣揚一個重點：「耶穌為天主子，他是救主」。

讓我們先來看看第一章。《約翰福音》和其他《福音》相當不同，總給我一種眺望深淵的印象。

在起初已有聖言，聖言與天主同在，聖言就是天主。聖言在起初就與天主同在。萬物是藉著祂而造成的；凡受造的，沒有一樣不是由祂而造成的。在祂內有生命，這生命是人的光。光在黑暗中照耀，黑暗決不能勝過祂。

—《約翰福音》【《若望福音》】

—「共觀福音」【「對觀福音」】

毫無準備地讀這一段，你會馬上認同它的內容嗎？首先，「在起初已有聖言」究竟是什麼意思？這句話雖然有名，能夠真正瞭解其蘊含奧義的，恐怕沒有多少人吧！

日本人究竟如何看待「聖言」一詞？或許有相當多各異的見解。

有句話叫「文如其人」。同樣，從口裡說出來的話，或多或少也能代表說話者自身。換句話說，由一個人口中說出來的言語，就能看出他的人格。但是，如果要更深入探索其言語的境界，除非是極有哲學涵養的人，否則應該不容易。

「在起初已有聖言」裡的「聖言」，即為希臘文的「logos」。聽說，不管那個國家，都為翻譯這個「logos」吃了不少苦頭。「聖言」，又稱「logos」，指的是知性、是睿智；而logos原有的含意則是「宇宙內的神祕原理」。因此，代表的並不是人類的語言，而是天主的智慧。

那麼，「在起初已有聖言」的「起初」講的又是什麼時候呢？那是在宇宙形成之前的事，文言文版的翻譯用「太初」一詞。所以，宇宙被創造之前，聖言已經存在，天主的智慧已經存在。天主的智慧既然已經存在，那就表示天主在更早之前已經存在。如此反覆思索推敲，才能漸漸明白《約翰福音》的深度。

聖言與天主同在，聖言就是天主。聖言在起初就與天主同在。萬物是藉著祂而造成的；凡受造的，沒有一樣不是由祂而造成的。在祂內有生命，這生命是人的光。

翻開《舊約聖經》的《創世記》第一章，就可看到以下的記載：

天主說：「有光！」就有了光。（中略）天主說：「在水與水之間要有穹蒼，將水分開！」事就這樣成了。（中略）天主說：「天下的水應聚在一處，使旱地出現！」事就這樣成了。

……《創世記》【《創世紀》】——

就這樣，藉著天主聖言，天地被創造出來。

## 腦力激盪的成果

總之，從剛開始的logos，到最後翻譯為「聖言」為止，「真理」、「大能」、「智慧」、「睿智」……都曾經被列入考慮。

天保年間，要從那三個從未上過私塾、也看不懂書籍的船員口中，尋找相當於logos的日文翻譯，想必比登天還要困難。因此，傳教士郭士臘驚人的耐心與毅力，可想而知。

他們究竟是怎麼將這意味深長的「聖言」翻譯出來的呢？讓我們來看看郭士臘版本的第一部《日文聖經》。

ハジマリニ　カシコイモノゴザル。コノカシコイモノ　ゴクラクトモニゴザル。
コノカシコイモノハゴクラク。
（太初有睿智。睿智與極樂共存。睿智即為極樂。）

他們把logos翻譯成「カシコイモノ」（睿智），真不知道究竟花了多少時日，才好不容易想出這個詞。光是想像他們的精神，就已經叫我感動不已。另外，如果我們將他們的譯本對照現代白話文版《聖經》閱讀，就會發現那三個難民其實相當準確地掌握了郭士臘傳達的核心意念。

這部《福音》的作者約翰，是十二宗徒中的一人，並不是那個被希律殺害的先知「施洗的約翰」。

這位約翰和他的兄弟雅各都被稱為「雷霆之子」，雖然不清楚是誰取的外號，卻能由此想見他們的壞脾氣。《聖經》中有一段章節可以為證。耶穌在被釘十字架之前幾天，正想進一座撒瑪利亞的村莊，村人們卻不歡迎他。於是……

—雅各【雅各伯】

雅各及約翰兩個門徒見了，便說：「主，你願意我們叫火自天降下，焚毀他們嗎？」耶穌轉過身來斥責了他們。（《路加福音》第九章第五十四、五十五節）

見到自己尊敬的耶穌受辱，雅各和約翰大發雷霆，憤怒到甚至想燒毀撒瑪利亞的整座村莊。他們雖然身為基督的門徒，卻也是相當容易動肝火的人。

我從前的個性也不好，讀這段章節時覺得特別有意思。還記得曾經讀過一本書寫著：「像這樣的壞脾氣，對天主而言是有用的。如果一個人連壞脾氣都沒有，那對天主也就沒有用處了。」這讓火氣大的我感覺相當高興。或許敬佩的對象並非壞脾氣，而是爆發性怒氣產生的巨大能量，所以才說那樣的能量對天主有用。總之，約翰就是一個被稱為「雷霆之子」的不尋常人物。

在《約翰福音》裡，常常可以看到「耶穌所愛的門徒」這樣的描述，所指的就是作者約翰本身。情緒起伏激烈的約翰既被稱為「雷霆之子」，對耶穌的愛肯定也比別人強。因此，雖然有很多作者的自稱方式，約翰卻忍不住要一一寫出「耶穌所愛的門徒」，想必是因為深切感受到了耶穌無限的愛。耶穌所愛的當然不止約翰一人。愛，卻會深沁人心，甚至產生對方特別愛自己的錯覺。

## 尋找陷害耶穌的把柄

一提起《約翰福音》，總令我聯想起第八章的故事。我相信，無論是誰，讀到這一章時應該都會深受感動。

清晨他又來到聖殿，眾百姓都到他跟前來，他便坐下教訓他們。那時，經師和法利賽人帶來了一個犯姦淫時被捉住的婦人，叫她站在中間，便向耶穌說：「師傅！這婦人是正在犯姦淫時被捉住的，在法律上，摩西命令我們該用石頭砸死這樣的婦人；可是，你說什麼呢？」他們說這話，是要試探耶穌，好能控告他；耶穌卻彎下身去，用指頭在地上畫字。因為他們不斷地追問，他便直起身來，向他們說：「你們中間誰沒有罪，先向她投石罷！」他又彎下身去，在地上寫字。他們一聽這話，就從年老的開始到年幼的，一個一個地都溜走了，只留下耶穌一人和站在那裡的婦人。耶穌遂直起身來向她說：「婦人！他們在那裡呢？沒有人定你的罪嗎？」她說：「主！沒有人。」耶穌向她說：「我也不定你的罪；去罷！從今以後，不要再犯罪了！」

——摩西【梅瑟】

這是一段不需要任何註解就會讓人深受感動的章節。在這裡，經師和法利賽人再度登場。他們每次出現，幾乎都不是為了求教，而是為了陷害耶穌。

耶穌一大早就來到聖殿教訓百姓。在如此嚴肅的場合下，這些人竟然故意拖來一個正在犯姦淫的婦人。從那樣的態度就能看出，他們完全無視於耶穌的教導。如果他們真的尊重耶穌，應該等他教訓完百姓再來。讀到這裡的時候，真叫我憤慨萬分。更令人生氣的是，他們帶來犯姦淫婦人的理由，竟然如經上所述，「是要試探耶穌，好能控告他」。

經師和法利賽人一向虎視眈眈，在一旁等待殺害耶穌的機會。因此，抓到犯姦淫的婦人時，他們腦中首先浮起的念頭想必是：「如果是耶穌，會怎麼做？」

或許有人提議：「那傢伙老是講愛，就算是犯姦淫的女人，他一定也不會說要殺掉。」

「那可是個大問題！大家都知道，根據摩西的法律，這類罪犯得用石頭砸死。如果他說不能殺，就算犯了藐視法律的大罪了！」

藐視摩西的法律是一項足以致死的大罪。話說回來，如果耶穌就命人依照法律打死婦人，他的行為不就與平時宣講的愛互相矛盾？不管耶穌的答案是肯定或否定，他們都可以藉機批判。因此，經師和法利賽人趾高氣昂地，帶著犯姦淫的婦人來到耶穌面前。

可是，耶穌面對他們的質問時，卻連一個字也沒有回答。祂彎下身，用手指在地面上寫字。此時的耶穌心中，一定對人類的邪惡感到無可奈何與落寞。耶穌當然明白那是為了陷害自己而設的問題。在別的章節也是，耶穌能看破人心，所以，就連一次也沒掉進他們所設的陷阱中。

經師和法利賽人很愚蠢地以為，耶穌在地面上寫字是因為想不出怎麼回答。所以，他們緊追不捨地逼問：

「說呀！要殺？還是要放？到底應該怎麼做？」

他們認為，耶穌不可能會有這兩個選項以外的答案了。然而，耶穌的回答卻完全出乎他們的意料。

你們中間誰沒有罪，先向她投石罷！

這是相當高格調的回答。我深受感動的就是耶穌這句堪稱智慧的發言，其次則是他面對這事的態度。耶穌說完「你們中間誰沒有罪，先向她投石罷！」後，並沒有一個個地瞪視他們。他說完如此直指人心的話之後，彎下身去繼續在地上寫字。耶穌這麼做，會不會是因為不想見到那些人不堪的姿態？儘管如此，他們夾著尾巴一個接一個溜走的樣子，想必盡收耶穌眼底。

因了耶穌那句話，群眾先走了一個，再走了一個……到最後，所有的人都溜光了。約翰寫著：「從年老的開始」。對於犯罪的敏感度，為什麼年老的比年幼的強呢？是年輕人生性傲慢？還是年長的人生經驗較長，因此容易重複犯罪？不管原因為何，原先圍攻耶穌的人群，就那樣一個接著一個偷偷摸摸地消失殆盡。

## 日本人對罪不敏感

每次讀到這一段，我總會想，如果換成日本人，反應又會如何？

「你們中間誰沒有罪，先向她投石罷！」

就算被耶穌這樣說，日本人可能依然對自己的罪渾然不覺，甚至臉不紅氣不喘地追問：「到底要殺，還是要放？」說不定，還會有人說：「我沒罪！」然後抓起石頭就扔。之所以這樣想，是因為我認為日本人對罪的敏感度實在不高。經師和法利賽人雖然傲慢，卻因著耶穌的一句話察覺到自己的罪行。

真正能審判人類的，只有無罪的天主。在這裡，耶穌不就做了最好的宣言嗎？同時，也讓他們清楚知道了全人類都是罪人的事實。

耶穌「彎下身去」，藉著這樣的低姿態又要告訴我們什麼？我個人認為，那暗示他即將背負眾人的罪，被釘在十字架上。耶穌原本可以儼然宣佈：「處決這個犯姦淫的婦人之前，我更可以用石頭將你們打死。」然而，耶穌就只是彎下身去。

多麼柔和謙虛的姿態！那正是救主耶穌真正的姿態。不僅如此，他也不定犯姦淫婦人的罪，反而為她指示了一條通往新生的道路：「從今以後，不要再犯罪了！」透過這個章節，我們知道不管人類犯了什麼罪，並因此戰慄發抖時，耶穌總會如此庇護並饒恕我們。

## 刺傷瞎子的話

昭和二十一年（一九四六年）春天，我因發高燒而發病倒下。高燒來自肺結核。一聽說我患結核病的消息，某個宗教的傳教員馬上飛奔而至。

「肺結核與痲瘋病乃是天譴！是神明下的重罰。會得肺病的原因，就是因為不肯老實說『是』的關係③；另外，情慾過重也會導致此病。」

根據他的說法，臉上長斑的人是因前世做了讓丈夫丟臉的事；而失明與聾啞則是因為前世犯了罪、或是擔負了父母親的過錯。

不只這個傳教員，一般人也容易把疾病或災難視為犯罪的懲罰。當然，不注重養生、放蕩或任性等原因也會導致疾病，病因卻並不單單如此。世界上仍有為數眾多的疾病與災難，是當事人無法控制的，如果草率歸類，並擅自解釋為不知名的作祟、報應或前世因果，不但無益反而會增加痛苦。那樣的話，其實等於將病苦者推進更晦暗的深淵。

《約翰福音》第九章中有著以下的記載。讀到這段的時候，真不知給了我多少的慰藉，就像黑暗中的一線光明。世界上不知道有多少人，因著這段章節而重獲希望與喜悅。

耶穌前行時，看見了一個生來瞎眼的人。他的門徒就問他說：「拉比，誰犯了罪？是他，還是他的父母，竟使他生來瞎眼呢？」耶穌答覆說：「也不是他犯了罪，也不是他的父母，而是為叫天主的工作在他身上顯揚出來。趁著白天，我們應該做派遣我來者的工作；黑夜來到，就沒有人能工作了。當我在世界上

③ 譯者按：日文中的「肺」與「是」讀音均為Hai。

的時候，我是世界的光。」耶穌說了這話以後，便吐唾沫在地上，用唾沫和了些泥，把泥抹在瞎子的眼上，對他說：「去，到西羅亞水池裡洗洗罷！」——西羅亞解說「被派遣的」——瞎子去了，洗了，回來就看見了。

故事中的盲人，一向坐在路邊討飯。

那一天，耶穌的門徒們剛好從他身旁經過。他們心中好奇，想知道那人究竟因了誰的罪而失明，便開口問耶穌。我們若靜心想想，應該會感到驚愕，因為那畢竟是相當無情的問題。然而，卻極有可能顯示人類最原始的心態。

門徒們想必是用壓低了的音量詢問耶穌，不過，畢竟還是在盲人面前。因此，他們的聲音恐怕一字不漏地傳進了失明者的耳中。

當我躺在病床上無法動彈的期間，聽覺異於常人地敏銳，就連隔壁病房醫生與護士們的談話聲，都能聽得一清二楚，眼睛失明的人就更別提了。門徒向耶穌提出的問題，他絕對不可能沒聽見。

如此直接的問題，就那樣毫無預警地，在當事人面前被提了出來。換成是我們，到底會講出什麼樣的答案呢？我不禁想像當時耶穌的表情，在他臉上浮現的究竟是憤怒、是苦澀、是悲哀、是嘆息、或是慈愛呢？《聖經》裡並沒有相關的描寫，只用了五個字：「耶穌答覆說」輕輕帶過。

西羅亞【史羅亞】

## 猶太人的因果報應觀

門徒們所提出的問題中，包含了猶太人的因果報應觀。那樣的思想從《舊約》時代便存在，可由下述的《約伯記》中明顯看出。

從前有一個人名叫約伯，他相當虔誠，在天主面前是個十全十美的人。但是有一天，突如其來的災難卻降臨在約伯身上。

首先，有些僕人被歹徒用刀殺了；緊接著，其他的僕人被從天而降的大火燒死。約伯尚未聽清楚上述的報告，又馬上聽說他的兒女們被倒塌的房屋壓死，無人倖免。不僅如此，他本人還全身長滿了毒瘡，坐在灰土中痛苦掙扎。

約伯的朋友們聽說了這個消息，專程從遠處前來探望。因為情況太過悲慘，剛開始沒有人敢開口說一句話。後來，朋友開始勸慰受苦的約伯，所講的內容卻不外是：

> 請想，那有無辜者喪亡？那有正直者消逝？
> 照我所見，那播種邪惡的，必收邪惡；散佈毒害的，必收毒害。天主一噓氣，
> 他們即滅亡；一發怒氣，他們即消失。
> 若你的子女得罪了他，他必將他們交於罪過的權勢下。
> 惡人一生飽受苦惱……恐怖之聲常在他耳中，平靜時匪徒也來侵擾。

……《約伯記》【《約伯傳》】—

他（天主）決不容許惡人生存
他們必早年夭折，喪命如男倡。

以上，我雖然只引用了一小部分，這些話卻一點兒也不像出自探望者之口。簡而言之，朋友們所要表達的，是指責約伯之所以遭遇不幸，必定是因為犯了罪。耶穌的門徒們也同樣質問：「這個人瞎眼，是因為自己犯的罪，還是因為父母犯的罪呢？」把問題指向盲人本身。

我因長年臥病而相當瞭解，即使是與病人接觸頗深的醫生或護理人員，還是有不少人輕視患者。從古至今，人類真是一點兒進步也沒有。

那些眼睛看得見的門徒們，站在盲人面前，是不是也洋洋得意地以為自己完全無罪呢？

然而，耶穌的回答，卻打翻了他們固有的觀念。

也不是他犯了罪，也不是他的父母。

瞎眼的人聽見耶穌的這句話時，心中該有多麼地驚喜和高興。他因為生來眼盲，從小不知受了多少苦，遭人蔑視，還被當成罪人。猶太人稱他：「你整個生於罪惡中，竟來教訓我們？」完全將他視為罪人。可見當時的觀念中，眼睛失明就等於「整個生於罪惡中」。他的一生中究竟受了多少辛苦委屈，我們可以輕易想見。因此，對那位瞎眼的人而言，耶穌的回答簡直叫人無法置信。

「不是他犯了罪，也不是他的父母。」聽了這話，他想必先懷疑起自己的耳朵，接著馬上因深邃的感動而全身顫抖。不僅如此，耶穌還接著說：「是為叫天主的工作在他身上顯揚出來。」

直至今日，他只不過是個到處討飯並受人輕蔑的盲人，耶穌卻說天主的工作要在他身上顯揚出來！那將是多麼偉大的光榮。

（天主究竟會怎樣在我身上工作呢？）他的一顆心戰慄不已，並因喜悅而歡躍。

假設耶穌講完這話就掉頭離開，不只是門徒們，連那瞎眼的人都將覺得那不過是句空話。但是，耶穌卻明確地讓天主的工作在他身上顯揚出來。耶穌往地上吐了一口唾沫和了些泥，將泥巴敷在盲人眼上，然後要他到西羅亞水池洗一洗。他照做後，眼睛就開了。

從前就有人將泥巴當藥。某些健康書籍裡也曾經出現過砂浴療法，提及子宮肌瘤、子宮癌、結核病、神經痛、風濕、氣喘等病都可以用砂浴治療；甚至舉出將得到軟骨症的山羊或中暑的雞埋在土中，因而獲救等案例。我在少女時代讀過的《講談雜誌》裡，也曾記載有個中毒的人倒在泥地上，因此恢復意識。泥土的確有超乎我們想像的功效。

雖說如此，只用泥敷眼就可重見光明，這事恐怕任誰都難以相信。由此可見，那是耶穌所行的另一個奇蹟。

## 耶穌打開了我們的眼睛

話說回來，還是有個地方讓人感到不可思議：耶穌為什麼要專程為失明的人塗上泥巴，又要他去西羅亞水池洗掉？耶穌不是一向只用言語就能治病？

關於這個疑問，不管哪本解說書都寫道：因為，那樣的程序對那個盲人而言是必要的。想要打開他生來就瞎的眼睛，就得連他心裡的眼睛也一起打開；若要打開心裡的眼睛，更需要對耶穌的信賴與服從。原來如此，說不定真是這樣。

從耶穌在盲人眼上敷泥之處距離西羅亞水池有多遠呢？依據《新聖經大辭典》的說法，水池位於耶路撒冷的東南方。那個眼睛失明的人既然以討飯為生，一定選擇坐在眾人聚集的聖殿附近的路邊，不可能特意在城外的冷清道路上乞討。從地圖上看來，聖殿到西羅亞水池的直線距離有八百公尺左右，如果沿著道路步行，距離想必會更長。無論如何，八百公尺的路對一個眼睛失明的人而言，一定等同於一般人走數公里的距離。

另外，西羅亞水池是個由石灰岩地層所切割成的大水槽，長寬各為一七．五公尺及五．四公尺，水深四公尺，要進到池裡還得經過一段陡峭的台階。我們雖然無從得知當時西羅亞水池的面貌，必須走下陡坡這點，應該與現代不會有太大的差異。

那個瞎眼的人每天從自己家中出發到固定的地點乞討，想必將那條每日必經之路摸得很熟。但是，到西羅亞水池的路徑或許從未走過。當耶穌要他到西羅亞水池去洗眼睛時，倘若他的心中沒有足夠的服從，恐怕會回嘴：「沒去過，不會走。」或是「那是什麼地方？要我一個人去很困難呀！」因而打退堂鼓。

然而，瞎眼的人卻在無人引路的狀況下，獨自前往西羅亞水池；他一邊不停地問路、一邊在陌生的道路上摸索前進。在那途中，如果他心中想：我的眼盲是天生的，哪有可能塗點泥巴就治好？就算到西羅亞水池，恐怕也只是白走一趟；說不定，就會隨便找個小水塘洗眼睛了吧！可是，他的心中卻充滿了對耶穌的愛與信賴。因為，像祂那樣將自己視為一般人的人，可是生來頭一遭遇見。在他耳中，耶穌的那番話，想必如雷貫耳地繚繞不止。

**也不是他犯了罪，也不是他的父母，而是為叫天主的工作在他身上顯揚出來。**

好不容易抵達西羅亞水池，卻還得經過那段陡峭的台階才能到達水邊。瞎眼的人一步一步慎重地往下走，說不定還滑倒、絆跌許多次。因此，我很難不去想像，他的手終於碰到水面時的感動；以及當他親眼見到眼前如畫一般綿綿不絕的風景時，所受到的震撼與激盪。

透過地下水道，清澈的泉水不斷湧進西羅亞水池。聽說，那裡的泉水象徵救世主，每逢祭典，人們總習慣前來汲取。因此，救主耶穌的那句話：「去，到西羅亞水池洗洗罷！」就更意味深長了。

就這樣，他的眼睛被打開了；同一瞬間，他心裡和靈魂的眼睛也被開啟。

## 釐清真相

風聲馬上傳遍了整座耶路撒冷。《聖經》上記載，這個本來值得高興的好消息，卻成了某個問題的導火線。不管在什麼時代，人們總無法將別人的好消息當成是自己的喜訊。

人們將被開了眼的人領到法利賽人跟前，因為耶穌在安息日治好了他。和泥、敷眼、再加上洗眼這些動作等於是醫療行為，與安息日的法律相牴觸。為此，有的法利賽人斷言：「這人（耶穌）不是從天主來的，因為他不遵守安息日。」反對的卻說：「一個罪人怎能行這樣的奇蹟？」於是兩邊起了紛爭。

猶太人便問瞎子說：「對於那個開了你眼睛的人，你自己怎麼說呢？」

他回答：「我覺得他是一位先知。」

可是，猶太人實在不相信他原是天生瞎子，被治癒而看見。形容他們「不願意相信」

或許更貼切。因為，他們一旦相信，就等於承認耶穌是具有天主大能的人。於是，他們把復明者的父母親叫來，問他們說：「這是你們那個生來就瞎的兒子嗎？為什麼他現在竟看見了呢？」

父母親證實了復明者的確是自己的兒子，至於他為什麼看見了的理由卻一概不知：「請你們問他吧！他已經成年了，自己的事情自己會說明。」為什麼不肯把兒子對他們說的據實以報呢？那是因為凡對耶穌有利的發言都已成了禁忌。

《聖經》裡接著這樣寫：

**因為猶太人早已議定：誰若承認耶穌是彌賽亞，就必被逐出會堂。**

……——彌賽亞【默西亞】

「被逐出會堂」就等於被迫與所有人絕交。會堂並不單單是一座建築物；它同時也代表猶太人的宗教共同體。這個共同體不僅專做崇拜，也負責孩子們的教育；甚至執行裁判，並處理救助金等問題，與一般猶太人的生活密切連結。因為害怕自己的生活權力被侵犯，便不難理解為何那對父母含混其詞了。

於是法利賽人再度把那個兒子叫過來，對他說：「我們知道那人是個罪人。」兒子回答：「他是不是罪人，我不知道；有一件事我知道：我曾是個瞎子，現在我卻看見了。」

法利賽人緊咬不放，連聲追問他到底怎樣被開了眼。他們想必是要找台階下，好將耶穌行的奇蹟解釋成純粹的偶發事件，也不難想見他們極盡全力貶低耶穌人望。

復明者被問得不高興了，回答說：「我剛剛已經告訴過你們了，為什麼又再問呢？」法利賽人再辱罵耶穌，於是復明者凜然對他們說：「我們都曉得天主不俯聽罪人，只俯聽那恭敬天主、並承行他旨意的人。」「那個人如果不是由天主來的，他什麼也不能作。」

法利賽人很生氣，用之前提過的話罵他：「你整個生於罪惡中，竟來教訓我們？」然後，就將他趕出去了。

對於這位復明者而言，被趕出會堂肯定是相當難受之事，這無異於被剝奪市民權。然而，即使被驅逐、被迫害，他仍然在法利賽人面前勇敢地為耶穌作證。不僅如此，當耶穌帶著慈愛的目光，出現在被趕出會堂後的他面前時，他更進一步宣認耶穌是救主。從這一點我們可以看出，他不只眼睛被打開，連靈魂之眼也被開啟了。

約翰在此為我們記錄了耶穌引人注目的一番話：

耶穌遂說：「我是為了判別，才到這世界上來，叫那些看不見的，看得見；叫那些看得見的，反而成為瞎子。」有些和他在一起的法利賽人，一聽了這話，就說：「難道我們也是瞎子麼？」耶穌回答說：「你們如果是瞎子，就沒有罪了；但你們如今說：我們看得見，你們的罪惡便存留下來了。」（《約翰福音》第九章第卅九至四十一節）

這番話豈不意味深長？我們總以為自己看得見，然而，所看見的究竟是什麼？我們果真看得見自己的缺點？多數的時候，我們所看見的難道不是別人的缺點？我們看得見自己生存的目標嗎？看得見今日或明日、過去或未來、死亡與生命嗎？我們能不能看見救贖？能不能真正看到真理？難道我們不需要謙虛地低下頭，切望自己的眼睛被打開來嗎？

耶穌的一番話，讓我們醒悟，若真心想要自己的眼睛被打開，就應該採取怎樣的姿態。耶穌的言語中帶著當頭棒喝的力量。

以上就是我對四部《福音》所做的個別簡述。從下一章起，我想和大家討論關於耶穌十字架的話題。

# 05

## 情到深處無怨尤——耶穌的十字架

## 耶穌的奇蹟讓經師不安

基督宗教的教堂很容易辨認，不管建築物是大是小，總可以叫人一眼認出。因為，建築物頂端都豎立著十字架。

十字架也出現在胸針或項鍊等首飾上，但它究竟是什麼？其實，十字架原本是執行死刑的工具，但不是執行普通的死刑，而是用在極刑上。耶穌就被釘在那樣的十字架上。假設耶穌當年被處死在斷頭臺上，那麼，如今高懸在教堂頂端的，或許就非十字架，而是斷頭臺了。

無須細想都知道，把死刑刑具的十字架突顯出來，是一件多麼不吉利的事！只要是人，都會討厭不吉利的事。比方說，日本人非常厭惡讓人聯想到死亡的數字「四」，醫院因此沒有四號病房。（高層建築的醫院因為沒辦法避免蓋四樓，只好折衷，僅將四號病房省略，真是好笑。）

聽說歐美人不喜歡十三號星期五，好像是因為耶穌最後晚餐時的人數是十三位，而耶穌去世的日子剛好是星期五。這又是另一個毫無意義的想法。

既然人類這麼極端厭惡不吉祥的事情，基督宗教為什麼又標舉著死刑刑具的十字架呢？因為耶穌死在十字架上，代表天主的愛與寬恕，所以藉著它告知人類救贖的奧蹟。因此，對於相信天主的人而言，十字架絕對不是不吉祥的死刑刑具，而是基督宗教中意味深長的記號。

那麼，為什麼耶穌非得死在十字架上不可呢？關於這問題，連同下一章「耶穌的死亡與復活」，我將以《馬太》、《馬可》、《路加》、以及《約翰》四部《福音》做綜合思考，作為四部《福音》的總結。

一路讀下來，把耶穌當仇敵的，不外是那些經師、法利賽人和祭司們。他們以自己的理由與方式相信唯一的天主；可是，他們並不明白自己的所作所為其實更遠離天主。經師，非常忠實地遵守律法。因為相信神而遵守天主的律法，是理所當然的事。但是，他們尊重律法之際，卻無法體會到隱藏其中的天主心意。這些人的信仰流於形式，只審判他人，相當冷酷。

相反的，耶穌卻親自示範，並教導如何以天主的大愛愛人，又行了許多奇蹟。這些舉動叫法利賽人陷入深深的不安，因為耶穌所行的奇蹟實在太醒目了。另外，群眾狂熱地追隨耶穌也令他們受不了。只要有一邊佔優勢，另一邊便會衰微；對掌權者來說，最無法忍受的就是見到自己的地位不保。

除此之外，耶穌的力量對羅馬的佔領軍而言也不可小覷，讓只求平安無事的他們深感威脅。因為依照《舊約聖經》上的預言，百姓們殷切期盼救主的降臨，如果耶穌是救主的呼聲太大，民眾必會推舉他為王。這種大恐慌或許讓現代的我們難以想像。猶太人的信仰是相當堅固的一神教。如果他們將那堅不可摧的信仰，放在期待已久的彌賽亞，也就是耶穌身上，最終將演變成一場無法平息的革命。

擔心因革命而喪失地位的祭司、經師與希律黨人，就這樣因此結合在一起。

耶穌奇蹟的力量實在太大，引發他們的恐慌；而他的教誨也相當具威信。其中有一個決定性的奇蹟，特別威脅到經師的地位，亦即耶穌復活一個名叫拉撒路的年輕人之事。（請參照《約翰福音》第十一章）

## 最悽慘的「以色列王」

在那之前，耶穌總共復活了兩個人，一個是剛去世的小女孩，另一個是送葬途中的年輕人。然而這次復活的拉撒路卻已經死了四天。拉撒路有兩位名叫馬大和馬利亞的姊妹。就讓我們來看看《聖經》上是怎麼說的。

其中有些人說：「這個開了瞎子眼睛的，豈不能使這人也不死麼？」耶穌心中又感傷起來，來到墳墓前。這墳墓是個洞穴，前面有一塊石頭堵著。耶穌說：「挪開這塊石頭！」死者的姊姊馬大向他說：「主！已經臭了，因為已有四天了。」耶穌對她說：「我不是告訴過你：如果你信，就會看到天主的光榮嗎？」他們便挪開了石頭；耶穌舉目向上說：「父啊！我感謝你，因為你俯聽了我。我本來知道你常常俯聽我，但是我說這話，是為了四周站立的群眾，好叫他們

拉撒路【拉匝祿】

馬大【瑪爾大】

馬利亞【瑪利亞】

信是你派遣了我。」說完這話，便大聲喊說：「拉撒路！出來罷！」死者便出來了，腳和手都纏著布條，面上還蒙著汗巾。耶穌向他們說：「解開他，讓他行走罷。」那些來到馬利亞那裡的猶太人，一看到耶穌所行的事，就有許多人信了他。（《約翰福音》第十一章第卅七至四十五節）

這個奇蹟讓法利賽人害怕得發抖。已經死了四天的人竟然能復活，不知帶給當時的人多大的喜悅與希望。消息越傳越遠，很多人千里迢迢地來看拉撒路。法利賽人聽見了，馬上召開會議。

這人（耶穌）行了許多奇蹟，我們怎麼辦呢？如果讓他這樣，眾人都會信從他，羅馬人必要來，連我們的聖殿和民族要都除掉。（《約翰福音》第十一章第四十七至四十八節）

他們開始正式商討如何除掉耶穌。因此，耶穌不再公開露面，只住在臨近荒野的小村莊。然而，對猶太人而言最重大的祭典「逾越節」快到了，祭司長預料耶穌一定會來過節，於是頒佈追緝令，命令人們如果知道耶穌的所在，就一定得前來通報。可是，耶穌所行的又算是什麼惡事呢？他宣講的是真正的天主之愛，還醫治病人，並愛了那些弱者與窮人；這些事反倒都成了他的罪狀。祭司長們甚至連被復活的拉撒路也想一起殺掉。

「因為有許多猶太人為了拉撒路的緣故，離開他們（祭司長們），而信從了耶穌。」

就這樣，祭司長們與經師設法除去耶穌和拉撒路；相反地，民眾對耶穌的信賴卻日益高漲。

第二天來過節的群眾，聽說耶穌來到耶路撒冷，便拿了棕櫚枝，出去迎接他，喊說：「和散那！（「啊啊！求禰救援！」之意）因上主之名而來的，以色列的君王，應受讚頌。」

……—和散那【賀三納】

棕櫚樹是戰勝的標誌，而「和散那」原本是用來呼喊天主的。

耶穌騎著一匹小驢子，在這樣的歡呼聲中進了耶路撒冷。群眾們高興極了，脫下上衣鋪在地上歡迎他。而不只是十二宗徒，其他的弟子們也……

為了所見過的一切奇能，都歡欣的大聲頌揚天主說：「因上主之名而來的君王，應受讚頌！和平在天上，光榮於高天。」人群中有幾個法利賽人對耶穌說：「師傅，責斥你的門徒罷！」耶穌回答說：「我告訴你們：這些人若不作聲，石頭就要喊叫了！」

（《路加福音》第十九章第卅七至四十節）

於是法利賽人便彼此說：「看，你們一無所成！瞧，全世界都跟他去了。」（《約翰福音》第十二章第十九節）

那些經師與法利塞人，因嫉妒與憎恨而扭曲的表情，清晰地浮現眼前。正如祭司長們與法利賽人所害怕的，群眾在狂喜中迎接耶穌進城，就算已頒佈的追緝令都無法制止。即使是祭司長，也無法在群眾面前對耶穌下手。如果祭司長和法利賽人真的做了，恐怕會被盛怒的群眾用石頭活活打死。

看到耶穌那樣受歡迎，最高興的應該算是加略人猶大吧！猶大深信耶穌是現世的王，因為耶穌所行的奇蹟是如此的神妙，所教導的訓誨又是如此的新穎。他相信，耶穌將會建立起一個史無前例的地上王國，足以打破羅馬的權力與希律的壓制，那也正是當時所有民眾深信的。

加略人猶大【依斯加略人猶達斯】

## 我們向耶穌求什麼？

我因為應邀演講，經常有機會造訪日本各地。（可是，最近因為喉嚨出毛病，幾乎回絕掉了所有邀約。）每一場演講之前，我總會準備好稿子。在忙碌的日子裡，準備那些稿子很費功夫，但是，我每次都會盡心盡力做好準備，才前去演講的地點。

可是，聽完演講後，大家的反應卻是：「我早就想看看妳長什麼樣子，即使只是瞄一眼。」不然就是「比想像中還年輕！」或是「好瘦呀！」

總之，只對我的外貌發表意見。那樣的話或許是出於好意，可是若能夠講些關於演講內容的感想，不知道會叫我多高興呢！畢竟我是為演講而來，而不是為了讓他們看我長什麼樣子。

有一次，在某個與教育相關的研討會上聽到這樣一句話：「因為，我們總不能請流行歌手吧！」那時候，我似乎聽到他們在背後議論的聲音：「那麼，就找個寫小說的女人，讓大家看看她長啥樣吧！」

讀《聖經》的時候，有些章節會叫我回想起這些往事來，像是《馬太福音》第二十章第二十節以下。

那時，西庇太兒子的母親，同自己的兒子前來，叩拜耶穌，請求祂一件事。耶穌對她說：「妳要什麼？」她回答說：「你叫我的這兩個兒子，在你王國內，一個坐在你的右邊，一個坐在你的左邊。」耶穌回答說：「你們不知道你們所求的是什麼。」

——西庇太【載伯德】

這位是十二宗徒中的雅各與約翰（《約翰福音》的作者）的母親。她雖然身為兩個宗徒的母親，對耶穌提出的要求，卻是等他做王時讓自己的兩個兒子做左右大臣。

這樣的願望正證明了，當時的人們深信耶穌將建立一個王國。然而耶穌卻清楚明白自己的最終下場。對著那樣的耶穌，人們所求的卻是像要當左右大臣般世俗的榮譽。我可以想像耶穌的落寞之情。

**你們不知道你們所求的是什麼。**

耶穌的這句話，恐怕是對相當多的人發出的訊息吧！《聖經》裡很多地方都叫我不得不這樣想，譬如治好耶利哥的瞎子的瞎子那一段：

那個瞎子在路旁大聲叫喚耶穌，耶穌站在他面前問道：「**你願意我給你做什麼？**」於是瞎子便說：「**師傅！叫我看見！**」（《馬可福音》第十章第五十節以下）

盲人遇見耶穌時求什麼？不外是治好自己的眼疾。類似的敘述在《聖經》的其他章節處處可見，中風的人求醫治中風、患血漏的求治血漏、癱子求能再走路、聾子求能聽見，患痲瘋病的則求清潔自己的肌膚。就這樣，耶穌按照每個人所求的實現了。

那的確是對基督信德的表現，更顯現了天主奇妙的大能。然而，是不是所有被奇蹟治癒的人，都會一生不間斷地相信天主呢？實在叫人存疑。一開始就清楚知道該向耶穌求些什麼的人應該很少見。不管什麼人，在見到耶穌時首先應該求的，難道不是赦罪與永生？

問題是，人並不清楚自己該向耶穌求些什麼。如果我們現在遇見耶穌，又會做出什麼樣的要求呢？我想，恐怕是財富、地位、名譽……等等，做出和那位母親相同的愚昧請求。真是如此，我們每天都活在「不知道所求的是什麼」當中。換成宗徒們也是一樣，沒有人知道應該向基督求些什麼，那是造成人類悲劇的原因。

總之，宗徒們相信耶穌將在這個世上建立新王國，並會在那王國裡稱王，民眾們也如此相信並期盼著。熟讀《舊約聖經》、並在《舊約》信仰內生活的人會那樣認為，也是不可避免的事情。因為在《舊約聖經》裡，有著描述救世主將會出現、解放以色列子民的預言；因此，那是個全以色列子民都引頸盼望彌賽亞來臨的時代。再加上當時他們處於羅馬帝國的統治，更特別加深了這個期盼的深度。

## 耶穌竟然不是來當國王的！

提起加略人猶大，應該沒有人不知道他就是那個出賣耶穌的人。然而，即使是這樣的猶大，也曾經是相信耶穌即為救主的其中一人。畢竟，不管什麼樣的病患耶穌都能醫治；又有將五塊餅兩條魚分給五千人吃飽的奇蹟。因此，猶大不可能將能夠行如此神妙奇蹟的耶穌排除在外，反而認為救主另有他人。

既然猶大如此堅信，為何又會出賣耶穌，將他交到敵人手中呢？關於這點雖然有著

—加略人猶大【依斯加略人猶達斯】

相當多種不同的解說，但是我們不能因此忽略掉《聖經》中的下述記載。

逾越節前六天，耶穌來到伯大尼，就是耶穌從死者中喚起拉撒路的地方。有人在那裡為他擺設了晚宴，馬大伺候，而拉撒路也是和耶穌一起坐席的一位。那時，馬利亞拿了一斤極珍貴的純哪噠香液，敷抹了耶穌的腳，並用自己的頭髮擦乾，屋裡便充滿了香液的氣味。那要負責耶穌的加略人猶大——即他的一個門徒——便說：「為什麼不把這香液去賣三百銀幣，施捨給窮人呢？」他說這話，並不是因為他關心窮人，只因為他是個賊，掌管錢囊，常偷取其中所存放的。耶穌就說：「由她罷！這原是她為我安葬之日而保存的。你們常有窮人和你們在一起；至於我，你們卻不常有。」（《約翰福音》第十二章第一至八節）

馬可與馬太也做了類似的描述。在《馬可福音》裡，耶穌對那些責罵女人的人們這樣說：

由她罷！你們為什麼叫她難受？她在我身上做了一件善事，因為你們常有窮人同你們在一起，你們幾時願意，就能給他們行善；但是我，你們卻不常有。她已做了她能做的：提前傅抹了我的身體，是為安葬之事。我實在告訴你們：將

伯大尼【伯達尼】
哪噠【拿爾多】

來福音無論傳到全世界什麼地方，必要述說她所作的事，來紀念她。（《馬可福音》第十四章第六至九節）

《馬太福音》裡也記載著相同的話。

曾經在書中讀過，這裡講的純「哪噠」香液，是從哪噠樹根提煉、香味相當濃郁的液體。曾經有人到以色列旅行，帶回一片浸過哪噠香液的正方形小布塊送我，被我拿來夾在書本裡。那片布的長寬僅有一公分左右，即使過了很久，只要我翻開那本書，房間裡還是馬上充滿香氣，實在叫人吃驚。

在當時，三百銀幣相當於勞動者一年份的工資。將它換算成現在的日幣，雖然只是大略計算，應該也不會低於一百萬日圓。可見那是相當昂貴的香液。女人打破了裝香液的玉瓶，一滴不留地全倒在耶穌頭上（《約翰福音》中記載著倒在腳上、《馬太》與《馬可》則寫說倒在頭上）。如果我當時在場，一定也會像猶大一樣想著：「啊！好可惜呀！」

愛，就是做出會讓自己心疼的事情來。我一生沒有孩子，每次見到世界上的父母親對子女所做的事情，總會暗嘆：「好可惜呀！」。只要聽到有人買昂貴的機車給上高中的兒子、或買高級轎車給上大學的孩子……就叫我坐立難安。愛，這種東西，真的是毫不可惜地全給，毫不可惜地全部奉獻。如果只是單純計算得失，這些事可就一點兒都不合理。但是，愛，卻會使人如此行動。

的確，與其將價值一年工資的香液只為了一個人在一瞬間用盡，還不如將它用在貧苦的百姓身上，這是個相當簡單且合理的計量方式。但是，人類這種生物卻無法做出正確的評斷，無論是自己做的事，或是他人做的事。

馬利亞親眼見到兄弟拉撒路死而復活的奇蹟，一定懷著無比的感激之情，才毫不惋惜地使用哪噠香液。但是，馬利亞一定連作夢也沒想到，耶穌會將之解釋成為自己的安葬做準備。馬利亞怎麼可能知道，這個復活兄弟拉撒路的大偉人耶穌馬上就要死了呢？她一定只是遵行當時用油或水為客人洗腳的習俗而已。

但是耶穌知道自己的死期。因此他藉著馬利亞的行為，向世人宣告了這件事。不管怎麼樣，能真正對馬利亞做出正確評斷的，也只有耶穌一人。如果連耶穌也說出類似猶大的話來，馬利亞的立場就蕩然無存了。將愛純粹只當成愛來領受，是一件多麼不容易的事情。在這裡我感覺自己又重新上了一課。總之，我們必須注意耶穌的評斷：「將來福音無論傳到全世界什麼地方，必要述說她所作的事，來紀念她。」

## 魔鬼進了猶大的心中

然而，耶穌的話卻讓猶大絕望了。猶大是負責掌管錢囊的會計，精於計算。他的頭腦想必很好，用錢的時候一定巧妙合理且毫不浪費。因此，要將香液賣掉並施捨給窮人的這句話，一定是從他不喜歡浪費的生活態度中衍生出來的。至於猶大有沒有像約翰所述「**是個賊，掌管錢囊，常偷取其中所存放的**」，我們並不清楚。在團體中掌管金錢的人，往往容易被人看成盜用公款者。

猶大也像其他宗徒一樣崇拜耶穌。但是，真正使他對耶穌絕望的是「**為我安葬之日**」。當天的宴席上，死而復生的拉撒路也在場，這不管對耶穌或對宗徒們而言，都應該是個絢爛的喜宴；然而，耶穌卻宣告了自己的死，簡直就像在這歡天喜地的場合大潑冷水。原以為新王國即將建立，耶穌卻將馬利亞的行為解釋成為安葬自己所做的準備。明明站在得意的巔峰，耶穌又怎麼會如此不吉利地做出死亡宣言？這件事叫猶大驚愕萬分。因此，我們便不難想像他為何絕望了。

（老師會死？那誰來為我們建立新王國？誰才是真正的救世主？）

猶大一定相當煩惱。

可是，為什麼其他門徒不像猶大那樣敏感呢？他們說不定以為，耶穌只是在袒護被猶大責罵的馬利亞吧！其他的門徒們對於「安葬」一詞必定沒有真實感受；但是生性敏銳又精於計算的猶大，對耶穌所面臨危機的感受，肯定比其他門徒更為強烈。

就像前面所敘述的，耶穌雖然在民眾的歡呼聲中進了耶路撒冷，但從他之後的舉動看來，所有的行為都是向宗徒們交代遺言。

至於猶大背叛的理由，《聖經》裡完全沒有提及，只記錄了他背叛的事實。而且，從《聖經》裡可以發現，當時不管是猶大還是其他門徒，都不曾私下說出任何批判耶穌的壞話。假如猶大平時已表現出對耶穌的不滿或不信任，其他門徒可能就會將之視為背叛的理由。經上也不至於完全沒有記載。

所以，最後晚餐時耶穌說：「你們中間有一個要出賣我。」

門徒們一個一個地問：「主，難道是我嗎？」

連猶大也問：「拉比，難道是我嗎？」

如果猶大平常就對耶穌態度惡劣，門徒們一定會不約而同地看他。然而，不但沒有任何人懷疑猶大，還一個接一個地問耶穌會不會是自己？連猶大本人都還不知道他會出賣耶穌。這讓我們瞭解到，人類其實有多麼地不認識自己。人總以為自己不可能做出殺人或盜用公款之類的事，那正是罪惡的可怕之處，因為每個人犯罪的可能性其實與生俱來。每次讀到猶大的背叛，總逼得我不得不這樣想。

當時，猶大的確沒有意識到自己就是出賣老師的人，儘管如此，事情依然演變成接下來的章節：

那時，撒但進入了那名叫加略人猶大的心中，他本是十二人中之一。他去同祭司長及聖殿警官商議，怎樣把耶穌交給他們。他們不勝欣喜，就約定給他銀錢；他應允了，遂尋找機會，當群眾不在的時候，把耶穌交給他們。（《路加

—拉比【辣彼】

—撒但【撒殫】

福音》第二十二章第三至六節）

但是，這段描述中猶大的心態仍然不可捉摸。有一種說法是，他是為了金錢才出賣耶穌的。不過，以一九七四年的物價來算，猶大到手的報酬也不過是五千日圓左右。不管是多麼貪財的人，都不可能為了這些小錢出賣老師吧！

另外也有種講法，認為他是因為耶穌預言自己的死所帶來的絕望，演變成了憎惡；換句話說，他之所以恨耶穌，是因為自己的夢想破碎。猶大當時的確是絕望了，但是《聖經》上有段記載，卻叫人實在看不出那份絕望會發展成了憎惡；即是在耶穌的死刑確定後，猶大所採取的行動。

這時，那出賣耶穌的猶大見祂已被判決，就後悔了，把那三十塊銀錢，退還給祭司長和長老，說：「我出賣了無辜的血，犯了罪了！」他們卻說：「這與我們何干？是你自己的事！」於是他把那些銀錢扔在聖所裡，就退出來，上吊死了。（《馬太福音》第二十七章第三至五節）

每次讀到這段：「見祂已被判決，就後悔了」總會引起我的注意。這樣的寫法彷彿在告訴我們，猶大其實並沒想到耶穌會被處死。神學家與小說家們也往往推論，猶大並沒有預期耶穌會死，他必定沒有料到能使拉撒路復活的耶穌，竟然會輕易落入敵人手中。

猶大不就是這樣一路跟隨著耶穌過來的嗎？按照預言的講法，救主應該會帶領從天而降的軍隊在地上建立王國。為了促使耶穌趕快建立王國，猶大才會將他逼進絕地吧！目前，類似這樣的解釋佔了絕大多數。如果真的想背叛，猶大在耶穌死後必定大呼快哉，哪會後悔，更別提因此上吊自殺了。

但是，這畢竟只是一些人的推論。對於人類複雜的背叛行為，我們可能永遠找不出真實的答案來。

## 如果有別的選擇的話！

讓我們回到猶大背叛後的地方。這場最後的晚餐中，有個叫人難以忘懷的部分：

他們正吃晚餐的時候，耶穌拿起餅來，祝福了，擘開遞給門徒說：「你們拿去吃罷！這是我的身體。」然後，又拿起杯來，祝謝了，遞給他們說：「你們都由其中喝罷！因為這是我的血，新約的血，為大眾傾流，以赦免罪過。我告訴你們：從今以後，我不再喝這葡萄汁了，直到在我父的國裡那一天，與你們同

喝新酒。」（《馬太福音》第二十六章第廿六至廿九節）

依照耶穌所下的命令，一直到今天，全世界的基督教會都還分著同一塊餅、同一杯酒，以紀念耶穌的聖體與聖血。每次都促使我這樣想，自己是不是能夠為他人流出像這杯葡萄酒這麼多的血？

耶穌在十字架上傾流的，是為了全人類所犯的罪而流的鮮血。餅，指的則是耶穌賜給全人類的身體。

晚餐後，耶穌與門徒們前往耶路撒冷聖殿東方，一個名叫客西馬尼的莊園，那是他經常前去祈禱的地方。耶穌對門徒說：「你們留在這裡，同我一起醒寤罷！」然後就更往前去祈禱。耶穌清楚知道自己馬上會被逮捕，所以如果想逃還是能夠逃開的。然而，他卻只一心祈禱而不願逃避。路加是這樣記載的：

客西馬尼【革責瑪尼】

到了那地方，耶穌便給他們說：「你們應當祈禱，免得陷於誘惑。」遂離開他們，約有投石那麼遠，屈膝祈禱，說：「父啊！你如果願意，請給我免去這杯罷！但不要隨我的意願，惟照你的意願成就罷！」有一位天使，從天上顯現給祂，加強祂的力量。祂在極度恐慌中，祈禱越發懇切；祂的汗如同血珠滴在地上。（《路加福音》第二十二章第四十至四十四節）

只要看到「他的汗如同血珠滴在地上」這個描述，就知道那是使出全部心力的祈禱。賀川豐彥先生說他的襯衫曾經染過血斑；我也曾聽人說在一瞬間出了大力之後，內衣變成橙黃色的事。因此，耶穌想必是用盡了全身力氣在祈禱。

明明只要想逃就逃得掉，卻選擇不逃的原因在於：「不要隨我的意願，惟照你的意願成就吧！」這份對天主的絕對服從。

為了以救主的身分上十字架，天主子背負著苦痛呻吟。要為全人類背負重罪，可不是哼著小曲兒就能輕鬆完成的事情。也正是因為天主子的這份苦痛，我們的罪才能得到赦免。

可是，當耶穌流著血汗祈禱的時候，門徒們到底在做些什麼呢？他們全睡著了。疲倦？或者是因為聽到耶穌宣告自己的死，過度悲傷而感到疲乏？本應一同醒寤祈禱的宗徒們卻睡著了，這件事相當明確地告訴我們，沒有任何一個人能與耶穌同心祈禱。也就是說，十字架是耶穌獨自背負的，沒有人與他共同分擔。看到睡著了的宗徒，耶穌說：

你們竟不能同我醒寤一個時辰嗎？醒寤祈禱罷！免陷於誘惑；心神固然切願，但肉體卻軟弱。（《馬太福音》第二十六章第四十至四十一節）

耶穌說這句話時，彼得等宗徒恐怕是在昏昏欲睡中聽見的。耶穌再度回去祈禱後，……

——彼得【伯多祿】

他們又睡著了。在「心神固然切願，但肉體卻軟弱」這句話裡，我深深感受到耶穌的愛。很多時候，我們驚覺「從今天起要洗心革面」、或想做這個、該做那個，卻往往被種種誘惑所打敗，而在懊悔中結束一天。就算面對相當重要的大事，卻總也無法順心如意地去做。

還記得十五、六年前，我的先生三浦得了盲腸炎，卻發現得太晚。光是連續兩晚陪他看病，我的腦袋就已經不聽使喚了。明明知道三浦就在我的眼前受苦，卻完全不明白應該怎麼看護他。

耶穌完全能理解人類肉體的軟弱，因此，他的話中並沒有太嚴厲的責備，只有暖暖的愛。自己的死期即將來臨，卻還能如此寬容，是多麼偉大的一份愛呀！

## 猶大之吻

就在這時候，猶大帶著捕捉耶穌的人到了。

祂還在說話的時候，看！那十二人中之一的猶大來了；同他一起的，還有許多帶著刀劍棍棒的群眾，是由祭司長和民間的長老派來的。那出賣耶穌的給了他們一個暗號說：「我口親誰，誰就是，你們拿住祂。」猶大一來到耶穌跟前，就說：「拉比，你好。」就口親了祂。耶穌卻對他說：「朋友，你來做的事，就做罷！」於是他們上前，向耶穌下手，拿住了祂。有同耶穌在一起的一個人，伸手拔出自己的劍，砍了大祭司的僕人一劍，削去了他的一個耳朵。耶穌遂對他說：「把你的劍放回原處；因為凡持劍的，必死在劍下。」（《馬太福音》第二十六章第四十七至五十二節）

藉著親吻——那用來表示愛意的親吻——猶大出賣了耶穌。那是個多麼醜惡、又多麼苦澀的親吻呀！就算知道被出賣，耶穌仍然呼喚他「朋友」，在最叫不出朋友的時候，耶穌還是稱他為「朋友」。我們不也是每天過著如同背叛耶穌般的汙穢生活嗎？雖然如此，耶穌至今還是稱我們為「朋友」。

受到法利賽人與長老鼓舞的群眾，拿著刀劍棍棒，成群結隊地來了，單單只是為了逮捕耶穌一個人。

那時，彼得、馬太、馬可……等門徒撇下耶穌四散逃跑。馬可甚至記錄了，自己身上披的麻布被抓住，丟下布光著身子跑開。在這方面，即使事關門徒們的個人顏面，《聖經》還是據實記載。

就這樣，耶穌被解送到大司祭該亞法的住處。逃跑的彼得，偷偷摸摸地跟進庭院。……該亞法【蓋法】

為了處死耶穌，祭司長和全公議會就在那裡開始了莫須有的半夜審判。雖然有很多假見證出庭，卻沒辦法找出什麼來。即使面對眾多不利的證言，耶穌卻都不出聲為自己辯護。

於是大祭司對祂說：「我因生活的天主，起誓命你告訴我們：你是不是彌賽亞，天主之子？」耶穌對他說：「你說的是。並且，我告訴你們：從此你們將要看見人子坐在大能者的右邊，乘著天上的雲彩降來。」（《馬太福音》第二十六章第六十三至六十四節）

對猶太民族而言，人自稱為天主子就足以被判死罪。耶穌當然也清楚明白，若宣告自己是天主子，就只有死路一條。但是，他依然果斷並毅然決然地說出自己的身分。有人批評這樣的耶穌是軟弱無力的。不過，我覺得若真要比較，被處死的人所需要的勇氣，不知比行刑者多了多少倍。不管怎樣，耶穌知道自己就是《舊約聖經》中所預言的彌賽亞，天主子，這可從以下這句話證明。

這一切都發生了，是為應驗先知所記載的。

彼得邊坐在庭院裡烤火取暖，看著耶穌受審判的過程。有個人指著彼得說：「你和那個男人是一起的。」

彼得陡然一驚，連忙否定：「我不知道你在說什麼？」

他便走出去到了門廊邊，又有一個人看著彼得說：「啊！這人和耶穌是一起的。」

彼得更慌了，連忙否認：「耶穌？我不認識他。」

然而，還是有人說：「你也是他們中間的人。」

「不！我不認得你們說的那個人！」

就在這個時候雞叫了，彼得忽然醒悟。他想起在最後晚餐後，自己曾經這樣告訴耶穌：「即便我該同你一起死，我也決不會不認你。」

事實上，彼得當時確實如此認為。但是，耶穌卻明明白白地告訴他：「今夜雞叫以前，你要三次不認我。」

耶穌的話真的實現了，而彼得，在那個瞬間發現了。

《路加福音》這樣敘述：

彼得說：「你這個人！我不懂你說的。」他還說話的時候，雞便叫了。主轉過身來，看了看彼得，彼得就想起主對他說的話來：「今天雞叫以前，你要三次不認我。」彼得一到外面，就悽慘地哭起來了。

彼得也背叛了耶穌。但是，他卻不像猶大那樣絕望以致於自殺，他只是悽慘萬分地哭了。他哭了，卻也更下定決心跟隨耶穌。在這二人不同的悔悟方式裡，不正隱藏了相當重要的關鍵？

06

# 衝破黑暗的曙光——耶穌的死亡與復活

## 讓羅馬人來殺耶穌

當我準備寫這一章時，從報紙得知了狹山事件的嫌犯放棄最高法院上訴的事件。《北海道新聞》的「桌上四季」專欄中出現這樣的記載：

「有一天，忽然因莫須有的罪名被逮捕，不但被警官強迫自白，還偽造出符合供詞的『證據』。最近的二審判決，叫人清楚感受到了戰前的搜查與審判，那種令人汗毛直豎的黑暗面。①」

現在，我正在寫耶穌時代的人，要把耶穌基督送上十字架的審判。遠從兩千年前或更久，誤判在歷史上不停地重複出現。誤判的根由，源自人類的利己思想：只要自己的立場站得穩就好，只要對自己有利就好，正確與否倒是其次。正是這樣的想法將人類引向錯誤。

處死耶穌的決議中，扮演重大角色的首先是法利賽黨、撒都該黨、祭司長和學者們，其次是被祭司長與學者們鼓舞煽動的群眾，接下來才是羅馬總督彼拉多。

那天夜裡，法利賽人與祭司長們在客西馬尼莊園逮捕耶穌，隨即進行莫須有的私審。雖然有許多假見證出庭，卻沒有任何證言是一致的。最後他們終於質問耶穌：「你是不是彌賽亞，天主之子？」

——撒都該【撒杜塞】

① 編者按：狹山事件是昭和六十年代在日本琦玉縣所發生的姊妹被虐殺事件，至今懸而未破。另，宮崎駿的《龍貓》據說便是改編自此事件。

耶穌回答：「你說的是。」

他們一聽，馬上撕裂了自己的衣服（撕裂衣服，是猶太人聽到冒瀆天主的話時習慣做的事情）並說：「他說了褻瀆天主的話！他該死！」於是，耶穌的死刑就這樣決定了。

當時的羅馬帝國，默認管轄之下的猶太人能夠依照自己的律法用石頭砸死人，因為，那並非政治而是宗教上的問題。佔領軍如果插手宗教問題，事件可能一發不可收拾。連蘇聯佔領庫頁島的時候，也對當地的牧師相當寬大。這是我從曾經住過庫頁島的牧師口中聽來的。尤其對猶太這個高度宗教國家，唯獨將宗教問題全交給他們自行管理才省事。

然而，祭司長和學者們卻沒有對耶穌動私刑，反而交給了總督彼拉多。這又是為了什麼？為什麼他們不直接用石頭把耶穌砸死呢？或許他們害怕被那些相信耶穌是基督的群眾報復。如果群眾騷動，自己恐怕也脫不了「騷亂罪」的罪名。

到了早晨，眾祭司長和民間的長老就決議陷害耶穌，要把祂處死，遂把祂捆綁了，解送給總督彼拉多。（《馬太福音》第二十七章第一至二節）

於是，他們全體起來，把耶穌押送到彼拉多面前，開始控告祂說：我們查得這個人煽惑我們的民族，阻止給該撒納稅，且自稱為基督君王。」（《路加福音》第二十三章第一至二節）

—彼拉多【比拉多】

—該撒【凱撒】

首先，關於「到了早晨」這個描述，對當時習俗並不清楚的我，很容易就那麼地讀過去了。但是，《馬可福音》裡寫著「一到清晨」，《路加福音》裡寫著「天一亮」，《約翰福音》裡則是「那時是清晨」。究竟為什麼四部《福音》都要強調「到了早晨」這個事實呢？

當時，半夜裡的審判沒有法律上的效力。因此《路加福音》裡提到天一亮，祭司長再度審判耶穌，就是為了不使前天晚上的判決失效，而做的形式性審判。對他們而言，真恨不得在大半夜裡就將耶穌拖到彼拉多那裡去。可是，不等到天亮，審判是無法正式生效的，因此才等到清晨。那麼，為什麼不等到中午？或過幾天再去呢？什麼理由促使他們一大早就將耶穌移送彼拉多總督府？因為他們不想讓愛慕耶穌的群眾知道。此外，他們也想趁著逾越節（過節的時候群眾會聚集）之前，趕緊處決耶穌。從「到了早晨」這個描述，可以讓我們看出這些事來。

## 釘死他！釘死他！

他們控告耶穌的罪狀是：煽惑我們的民族，阻止給該撒納稅，且自稱為基督君王。

這是將自己民族的宗教問題，轉成反叛羅馬的政治問題。很明顯地，阻止人民納稅不利於羅馬帝國；而煽惑民族，更造成政治上的不安定。像這樣的人物自稱為王，不正是反叛羅馬帝國的最佳證據？他們清楚知道羅馬帝國不會理會宗教上的問題，因此才會做出這樣的控訴。於是，彼拉多問耶穌：

「你作了什麼？」耶穌回答說：「我的國不屬於這世界；假使我的國屬於這世界，我的臣民早已反抗了，使我不至於被交給猶太人；但是，我的國不是這世界的。」於是彼拉多對他說：「那麼，你就是君王了？」耶穌回答說：「你說的是，我是君王。我為此而生，我也為此而來到世界上，為給真理作證：凡屬於真理的，必聽從我的聲音。」彼拉多遂說：「什麼是真理？」說了這話，再出去到猶太人那裡，向他們說：「我在這人身上查不出什麼罪狀來。」（《約翰福音》第十八章第卅五至卅八節）

藉由審問，彼拉多知道耶穌並沒有企圖反叛，也並不想在現世稱王，因為耶穌明言：「我的國不屬於這世界。」《馬太福音》第二十七章十八節裡也記載著：

原來他知道，他們是由於嫉妒才把祂解送來的。

彼拉多深知猶太人對耶穌懷有的醜惡嫉妒心。然而，祭司長們很不高興彼拉多稱耶穌無罪。他們眾口紛說，越演越烈，到最後還將耶穌是加利利人的背景也搬了出來。按照巴克萊的解說，因為加利利是出了名的亂民區。

聽見耶穌是加利利人後，彼拉多想到了一個好主意。當時，加利利的統治者希律正好在耶路撒冷。希律應該是來過逾越節的吧！他的官邸位於離彼拉多總督府約三百公尺。希律並不是羅馬帝國的人，因此，彼拉多將審判同胞的權力交給了希律。也就是說，彼拉多全權委託希律去辦理這件事。

希律見了從彼拉多那裡被送來的耶穌，高興得不得了。但那喜悅絕對不出於信德，單純只是好奇。希律早就聽說關於耶穌的事，也希望耶穌能在他面前顯個奇蹟。他再三詢問耶穌，耶穌卻什麼也不回答。

希律對待耶穌的態度並不值得得到回答。如果我們人類也只以好奇心、或期待奇蹟的心態看待天主，天主必定也會像對待希律一般，對我們不理不睬！天主經常保持那樣的沉默。耶穌不顯奇蹟、一語不發，叫希律失望極了。他和侍衛們一起……

**鄙視祂，戲笑祂，並給祂穿上華麗的長袍，把祂解回彼拉多那裡。**

緊接在下面的，是一句耐人尋味的話。

……加利利【加里肋亞】—

希律與彼拉多就在那一天彼此成了朋友，因為他們原先彼此有仇。（《路加福音》第二十三章第十二節）

彼拉多是有羅馬威權撐腰的總督，而希律卻不過是被佔領國的一個小領主，因此，兩人敵對原是很自然的事。但是，他們卻藉著被控訴的耶穌成了朋友，或許正是因為兩人站在同一立場的緣故。這樣的道理有點類似於：原本並不熟悉的同事，因著一起說上司壞話而成為莫逆之交。

耶穌被送到希律那裡，希律同樣也沒有查出任何罪狀，又將祂解送回去。於是，彼拉多對祭司長和官吏們說：

「你們給我送這個人來，好像是一個煽惑民眾的人。看，我在你們面前審問了他，而你們告他的罪狀，我在這人身上並查不出一條來；而且，希律也沒有查出，因而又把他解回到我們這裡來，足見他沒有做過應死的事。所以，我懲治他以後，便釋放他。」每逢節日他必須照例給他們釋放一個囚犯。他們卻齊聲喊叫說：「除掉這個人，給我們釋放巴拉巴。」巴拉巴原是為了在城中作亂殺人而下獄的。彼拉多又向他們聲明，願意釋放耶穌。他們卻不斷地喊叫說：「釘在十字架上，釘他在十字架上！」彼拉多第三次對他們說：「這人到底作

—巴拉巴【巴辣巴】

了什麼惡事？我在他身上查不出什麼應死的罪狀來。所以我懲治他以後，便釋放他。」但是，他們仍厲聲逼迫，要求釘祂在十字架上。他們的喊聲，越來越厲害。彼拉多遂宣判：照他們所請求的執行，便釋放了他們所要求的那個因作亂殺人而下獄的犯人；至於耶穌，卻交出來，讓他們隨意處理。（《路加福音》第二十三章第十四至廿五節）

按《馬可福音》的說法，彼拉多是為了滿足群眾才釋放巴拉巴，而將耶穌釘在十字架上。約翰卻記載，民眾喊叫著威脅彼拉多說：「你如果釋放這人，你就不是該撒的朋友！」

當時的猶太人民有權向羅馬政府控告總督。彼拉多不知道群眾會怎樣控訴自己，因而深感不安。實際上，彼拉多已經犯了兩次一旦被羅馬中央知道就足以被撤換的過失。比起耶穌的性命，彼拉多更愛惜自己的地位。

## 耶穌受難了！

有人說，這些叫囂著要把耶穌釘在十字架上的民眾，和那些在耶穌騎著小驢子進耶路撒冷時，狂熱地高喊「和散那！和散那！」的民眾是同一群人，我卻不這麼認為。我覺得前者肯定是祭司長們為了殺害耶穌而找來的群眾。因為倘若那些信耶穌的人真的如此善變，那麼，就根本沒必要趁晚上逮捕耶穌，於半夜私審，又在天一亮時匆匆趕到彼拉多那裡投訴。他們之所以如此，一定是害怕被那些擁護耶穌的群眾知道。

耶穌被釘十字架的死罪背後有個名叫巴拉巴的角色。有本小說的書名就叫《巴拉巴》，相信大家都對巴拉巴這個人深感興趣。直到那一刻，他都是個隨時會被處死的囚犯。可是，那樣的巴拉巴突然被釋放，完全無罪的耶穌反而被釘十字架；也就是說，耶穌代替他受死。當他知道這件事後，是否深受感動而重獲新生？或是飲酒作樂歡慶自己「賺到了」？我們雖然無從得知他的反應，我卻覺得，這個巴拉巴其實是我們每個人的寫照。在天主眼中，我們人類所犯的罪都深得足以判死罪；但是，藉著相信十字架上的耶穌，天主卻一筆勾消了我們所犯的罪，並允許我們進入永遠的救贖。我們本身並沒有做出什麼值得被天主原諒的好事，不，即便我們做盡天下的好事，也無法抵銷自己的罪過。

耶穌既然為這樣的我們而被釘上十字架，那麼，我們與巴拉巴又有什麼兩樣呢？就算如此，我們依然可以選擇過著與耶穌完全一刀兩斷的生活；相反的，也可以選擇在感謝耶穌中活下去。這實在是相當叫人心生惶恐的自由。

## 各各他【哥耳哥達】

耶穌的罪名被宣判之後，馬上被拖到一座名叫各各他的山丘上。各各他又稱「髑髏」，因為它的形狀與頭蓋骨類似。根據犬養道子女士的記載，刑場位於距離彼拉多官邸約四百公尺遠的地方，然而途中的道路崎嶇，所以大概走了八百公尺。②

有一個古利奈人西門，是亞力山大和魯孚的父親，他從田間來，正路過那裡，他們就強迫他背耶穌的十字架。他們將耶穌帶到各各他地方，解說「髑髏」的地方，就拿沒藥調和的酒給他喝，耶穌卻沒有接受。（《馬可福音》第十五章第廿一至廿三節）

另有二個凶犯，也被帶去，同耶穌一同受死。他們既到了那名叫髑髏的地方，就在那裡把耶穌釘在十字架上；也釘了那兩個凶犯：一個在右邊，一個在左邊。耶穌說：「父啊，寬赦他們罷！因為他們不知道他們做的是什麼。」他們拈鬮分了祂的衣服。（《路加福音》第二十三章第卅二至卅四節）

路過的人都搖頭辱罵祂說：「你這拆毀聖殿而三日內重建起來的，救你自己罷！如果你是天主子，從十字架上下來罷！」祭司長和經師與長老們也同樣戲弄說：「他救了別人，卻救不了自己；他既是以色列君王：如今從十架上下來罷！我們就信他。」（《馬太福音》第二十七章卅九至四十二節）

② 編者按：犬養道子，評論家，孫中山好友、昭和時代的首相犬養毅之孫，是位天主教徒，著有《新約聖經物語》、《旅行在聖經之中》十卷等書。

古利奈人西門【基勒乃人西滿】
亞力山大【亞歷山大】
魯孚【魯富】

懸掛著的凶犯中，有一個侮辱耶穌說：「你不是基督嗎？救救你自己和我們罷！」另一個凶犯應聲責斥他說：「你既然受同樣的刑罰，連天主你都不怕嗎？這對我們是理所當然的，因為我們所受的，正配我們所行的；但是，這個人從未做過什麼不正當的事。」隨後說：「耶穌，當你來為王時，請你紀念我！」耶穌給他說：「我實在告訴你：今天你就要與我一同在樂園裡。」（《路加福音》第二十三章第卅九至四十三節）

從第六時辰起，直到第九時辰，遍地都黑暗了。約莫第九時辰，耶穌大聲喊說：「以利！以利！拉馬撒巴各大尼！」就是說：「我的神，我的神，你為什麼捨棄了我？」（《馬太福音》第二十七章第四十五至四十六節）

以上，是人類史上最重大的事件，耶穌臨終的樣子。

## 耶穌為誰而死？

十字架的死刑源自波斯。聽說，在遠離地面的高處處決犯人，是為了避免犯人的罪玷汙地面。可見，被釘十字架的人是多麼地被忌恨。當時明文規定，不能將擁有羅馬公民權的人釘十字架。也就是說，那是只用在身分卑微者身上的刑罰。

—以利【厄里】
—拉馬撒巴各大尼【肋瑪撒巴黑塔尼】

處刑當天，十字架上的縱木先豎在刑場，另一條橫木由官吏或罪人扛過去。那一天，耶穌背著橫木從彼拉多總督府出發。不知道是因為看耶穌體弱、或是官員中有人偷偷仰慕耶穌；總之，當他們見到耶穌於橫木重壓下踉蹌難行時，就隨手抓了一個剛好經過的路人幫忙背負橫木。這位路人是古利奈人西門。

《聖經》中記載，西門是亞力山大和魯孚的父親。《福音》原本是為初期教會所撰寫，這些名字想必在當時耳熟能詳。其他章節裡，「魯孚」也曾經出現過（《羅馬書》第十六章第十三節），是有名的信徒。父親背了耶穌十字架的事實，與兒子們的信德，恐怕不會完全沒有關係。此外，「古利奈」是北非的地名。

十字架上的耶穌並沒有喝下混了沒藥的葡萄酒。沒藥是一種麻醉劑，是為了緩和被鐵釘貫穿的苦痛而配製的麻藥。提供沒藥並不見得是對罪人的體貼，而是為了方便羅馬士兵處決犯人。耶穌拒絕了沒藥，表示他並不願意讓自己將受的痛苦矇混過關。面對人類應受的刑罰時，他表現出不討價還價、反而正眼面對的氣度；也讓我們看出耶穌忍耐痛苦的精神力。人類該受的刑罰，是不可以用麻藥矇混過去的。

儘管如此，最後耶穌還是大喊：「我的神，我的神，你為什麼捨棄了我？」

第一次讀到這句話時，我實在難以理解，甚至有點失望。這就是天主子耶穌的最後一句話嗎？在最後關頭，吐出這麼一句叫人洩氣的話，豈不是太羞恥了嗎？當時的我以為，耶穌的死是他個人的事，與我一點兒關連也沒有。後來，我才醒悟到，真正應該被

—《羅馬書》【《羅馬人書》】

釘上十字架的，其實是我們這些罪惡深重的人類，至於耶穌，只是代替我們死在十字架上。直到那時，我才瞭解那句話的意義。對人類而言，最痛苦的事莫過於與天主關係的斷絕。然而，耶穌卻代替人類領受了這份最叫人難以忍受的斷絕之苦。換句話說；我們人類應受的懲罰，已由耶穌徹徹底底地承擔了。這便是那句話真正的含意。

長老和祭司長們戲弄耶穌，說如果他可以從十字架上下來，他們就信了他。但是，就算耶穌下了十字架，他們果真會因此相信？或許，真的信了也說不定。無論如何，我們相信的耶穌，卻選擇留在十字架上，忍受萬分的痛苦而死去。那原本是我們自己應受的，耶穌卻用他至聖的身體承受了。

## 耶穌受難的歷程

| 星期及時辰 | 事件摘要 |
|---|---|
| 星期四傍晚 | 開始最後的晚餐 |
| 星期四晚上到八點半左右 | 晚餐與臨別訓誨，持續了約三個小時。其間，猶大為出賣耶穌而離席。 |
| 星期四晚上九點到十點左右 | 耶穌在客西馬尼莊園祈禱。 |
| 星期四晚上十點過後 | 耶穌被捕。從莊園到該亞法住處約為五十分鐘路程。 |

| | |
|---|---|
| 星期四晚上十一點過後 | 於該亞法住處進行的半夜審判。彼得背主，雞啼。 |
| 星期五天亮後的七點左右 | 在彼拉多總督府受審。離該亞法住處約五百公尺。 |
| 星期五上午八點過後 | 被送至希律處後旋即又被遣返。彼拉多總督府與希律官邸距離三百公尺。 |
| 星期五上午八點四十分左右 | 前往各各他刑場。距彼拉多府直線距離四百公尺。因路線曲折而推定步行距離為八百公尺左右。 |
| 星期五上午九點 | 被釘在十字架上。 |
| 星期五上午十二點到下午三點 | 雷鳴、遍地昏暗。 |
| 星期五下午三點 | 耶穌斷氣。 |

◆以上，為期約為二十二個小時的事件。依據猶太人的算法，「一天」是從傍晚六點開始，直到隔天的六點結束。（參照：犬養道子所著《新約聖經物語》）

十字架上的耶穌共說了七句話。在這七句話當中，最叫我感動的，除了上述那句痛苦的喊叫外，就是「父啊，寬赦他們吧！因為他們不知道他們做的是什麼。」這句驚人之語。

耶穌教導我們「當愛你們的仇人」，又要我們寬恕別人七十個七次。講「愛」是很容易的，但是，對於人類而言，要徹底實踐「愛」卻又多麼困難！若要下定決心一生不說謊，或許可以完全做到。但是，若要我們任何時刻都愛他人，幾乎不可能達成。然而，耶穌卻如自己所宣講地，愛了他人。在那句十字架上的話中，誰又能感受到一絲一毫的怒氣或恨意？蘊含在內的，就只有湧流不竭的慈愛而已。

耶穌甚至不說：「父啊，寬赦這些罪孽深重的人吧！」反倒是：「因為他們不知道他們做的是什麼。」面對那些將自己釘上十字架又叫囂謾罵的人們，究竟有誰，能以如同母親對待幼子般充滿慈愛的言語祈禱？這若不是天主的品格，還能有什麼稱得上是天主的品格？引領我前去領洗的，就是這一句求情的祈禱。

就這樣，耶穌斷了氣。他的死亡如此偉大，一個羅馬的百夫長看了不禁嘆氣：「這人真是天主子！」

## 耶穌復活帶來光明

然而，事情並沒有因此結束。從那一刻起，人類的新歷史就此開始。假設耶穌雖然是個偉大的人物，卻沒有背負著人類的罪死在十字架上，就不足以改寫世界史了。

另外，如果耶穌的死只是單純的死亡，所有事件因此了結；那麼，基督宗教就不可能持續兩千年至今了。基督宗教教義的核心是耶穌死在十字架上，並如祂在世時所預言「三天後復活」的事實。

如果說，世界上有什麼叫人難以置信的事情，耶穌的復活應該高居首位。事實上，我自己也曾經多年無法相信。我之所以領洗，並不是因為相信耶穌的復活，而是因為相信了十字架上的奧蹟將會洗淨自己的罪。我在讀《聖經》時發現，即使是宗徒們，似乎也沒那麼輕易相信耶穌的復活事件。

> 一週的第一天，天還很早，婦女們便攜帶預備下的香料，來到墳墓那裡，見石頭已由墓穴滾開了。她們進去，不見了主耶穌的遺體。她們正為此事疑慮的時候，忽然有兩個人，穿著耀目的衣服，站在她們身邊。她們都害怕，遂把臉垂向地上，那兩個人對她們說：「妳們為什麼在死人中找活人呢？祂不在這裡了，祂已復活了。你們應當記得：祂還在加利利時，怎樣告訴過你們說：人子必須被交付於罪人之手，被釘在十字架上，並在第三日復活。」她們遂想起了祂的話，從墳墓那裡回去，把這一切事報告給那十一門徒及其餘的眾人，她們是抹大拉的馬利亞和約亞拿，並雅各的母親馬利亞；其餘同她們一起的婦女，也把這些事報告給門徒。但婦女們的這些話，在他們看來，好像是無稽之談，不敢相信。（《路加福音》第二十四章第一至十一節）

—抹大拉的馬利亞【瑪利亞瑪達肋納】

—約亞拿【約安納】

—雅各的母親馬利亞【雅各伯的母親瑪利亞】

連宗徒們都會將它當成無稽之談，不敢相信。此外，《約翰福音》則是這樣記載的：

十二人中的一個，號稱低土馬的多馬，當耶穌來時，卻沒有和他們在一起。別的宗徒向他說：「我們看見了主。」但他對他們說：「我除非看見他手上的釘孔，用我的指頭，探入釘孔；用我的手，探入他的肋膀，我決不信。」（《約翰福音》第二十章第廿四至廿五節）

一個星期後，耶穌顯現給多馬。多馬跪倒在耶穌面前：「我主！我的神！」耶穌對多馬說：「因為你看見了我，才相信嗎？那些沒有看見而相信的，才是有福的！」

有人稱這位宗徒多馬為「懷疑的多馬」，但是，不相信的人難道只有多馬一個？就算是彼得或馬太，如果不是因為見到復活後的耶穌，難道不會像多馬一樣質疑嗎？《馬太福音》就曾記錄著，他們將婦女的話當成無稽之談。

## 門徒看見耶穌復活

傳說多馬後來在印度殉道，對信仰作了最佳的見證。不過，耶穌被釘在十字架之前，宗徒們捨棄老師而鳥獸散，連彼得也三次否認耶穌，馬可甚至光著身子逃跑。耶穌死後，

低土馬的多馬【狄狄摩的多默】

宗徒們因為害怕掌權的猶太人，將自己鎖在房子裡，畏畏縮縮地怕被耶穌的罪牽連。他們不但不瞭解十字架上聖死的含意，更不相信耶穌照自己所說的復活。

這些沒有骨氣又信德薄弱的男人，就是耶穌親自召選的宗徒。然而，這些看似沒出息的懦夫，除了一人以外，最後竟然有十位殉道。關於他們驚人的事跡，都被生動地記述於《使徒行傳》裡。

領洗那年的過年期間，我正在旭川市的日赤病院裡住院。我請了牧師來為病患開讀經班。當時同棟的病人，不論男女幾乎人人都買了《聖經》。其中有個因胃癌而被切除胃袋的人讀得最認真，不到兩個月已經讀了兩遍《新約聖經》，並把宗徒們的名字背得滾瓜爛熟。

他對我說：「耶穌死的時候宗徒們相當懦弱無用，耶穌死後，他們卻忽然變了個人似地堅強起來了。到底是什麼改變了這些宗徒呢？我覺得答案應該就是基督的復活吧！」他又說：「我就是看到宗徒們在耶穌死後的行動，才真正信了耶穌的復活。」如他所言，我現在深信耶穌的復活，也正是因為見到《使徒行傳》裡宗徒們判若二人的人生態度。

背叛耶穌並四散而逃的宗徒們，究竟為什麼轉而堅強的呢？耶穌死後必定發生了什麼事，但是那個「什麼事」又是什麼？《聖經》提到了耶穌在一人、數人、甚至幾百人面前，顯現他復活光榮的身體。因他的復活，宗徒們從此相信，耶穌的確就是《舊約》眾先知所預言的救世主。

《舊約聖經》裡，預言著救主將如何到來？如何去世？又如何從死中復活。耶穌就照著這些預言來、去、又復活了。也就是說，他成就了《聖經》上的預言。當宗徒們知道耶穌的確是那位獨一無二的救主後，就算要頭下腳上被倒釘十字架③，他們依然堅信並奉行耶穌的教導，勇於宣講基督的福音。這樣的轉變，也就顯得不那麼不可思議了。藉著《使徒行傳》的記載，我們從他們身上重新確認了耶穌的復活。

③ 編者按：依據教會傳統，彼得殉道時向行刑者說：「我不配與主耶穌同樣釘死」，因而要求倒釘十字架而死。

# 07

# 前仆後繼的英雄——《使徒行傳》

## 嶄新歷史的開始

石川達三先生①有部叫《使徒行傳》的中篇小說，描述一位基督徒的生涯。長久以來我一直在尋找那本書。前年在文藝家協會的晚會上遇見作者，也曾問他有沒有辦法買到；但是很可惜地，因為已經絕版，不太可能在市面上買到了。到了今年，有位熱情的讀者竟然將書寄來給我。因為他曾經看我在作品中寫著：無論如何都想看看石川達三先生的《使徒行傳》。為什麼我會那麼想看這本小說呢？因為《聖經》裡也有一部同名的書。

在前一章裡，我寫完耶穌死在十字架上後曾經提到：「事情並沒有因此結束。從那一刻起，人類的新歷史就此開始。」而《使徒行傳》正宣告了那個全新歷史的開端。

關於「使徒」一詞有相當多的解釋：真的基督徒、傳道者、教會的代表……等等。在《使徒行傳》中指的則是十二宗徒加上保羅，以及當時主要的領導者們。另外，「行傳」則囊括了記錄其行動、作為、以及活動等等，因此，也可以題名為「使徒們的活躍」吧！有位學者還曾經提議，應將之命名為「福音如何從耶路撒冷被傳至羅馬」。總之，《使徒行傳》記載的就是宗徒們由耶路撒冷開始，四處宣講基督福音的種種辛勞、信仰與喜悅，直至羅馬帝國。

—《使徒行傳》【《宗徒大事錄》】

—保羅【保祿】

① 石川達三，明治三十八年（一九〇五）～昭和六十年（一九八五），秋田縣人。小說家，主要作品爲：《蒼氓》、《人間の壁》等等。

這部書的作者，就是寫《路加福音》的路加；也就是說，《使徒行傳》是《路加福音》的續集。俗話說「沒有強過正篇的續集」，可是，《新約聖經》中或許能夠沒有《路加福音》，卻叫人無法想像沒有《使徒行傳》。《使徒行傳》在《新約聖經》中的地位如此重要，是比起正篇有過之而無不及的續集。

路加既是醫生又是歷史學家。醫生和歷史學家有個共通點，就是兩者都必須蒐集大量的資料，並做出冷靜的判斷。路加所蒐集到的歷史資料，在當時恐怕是最完善的吧！

## 在獄中寫的信

如果將《使徒行傳》大略地分類，從第一章到第十二章，是以耶穌的宗徒彼得為中心；從第十三章到第二十八章，則是以保羅為中心。這位保羅，我們至今尚未提及，算是出現在本書中的新角色。然而，他的功勞卻相當大，在《使徒行傳》後出現的《羅馬書》、《哥林多前後書》、《加拉太書》……等書信，多半出自這位大宗徒之手。從初期教會到現今，代代的基督徒信仰，都深受宗徒保羅的影響。剛開始保羅原本是屬於迫害基督徒最前端的熱血法利賽黨人，關於他的事蹟我們稍後會提到。

《使徒行傳》用以下的開場白揭開序幕：

—《哥林多前後書》【《格林多前後書》】

—《加拉太書》【《迦拉達書》】

提阿非羅！我在第一部書中，已論及耶穌所行所教的一切，直到他藉聖靈囑咐了所選的宗徒之後，被接去的那一天為止；（《使徒行傳》②第一章第一至二節）

從呼喚「提阿非羅」這點看來，那應該是收件人的名字。提阿非羅這個名字在《路加福音》裡也出現過，那裡寫的是「提阿非羅閣下」。提阿非羅究竟是誰？這個疑問的解釋固然眾說紛紜，不過，他應該是當時羅馬政府的高官之一。

這部《使徒行傳》，是路加與保羅一同在羅馬獄中時所撰，也就是受迫害時的作品。正因為那樣的背景，釋經書將之解釋為：路加是為了替基督宗教辯護才寫的。同時，也表明了基督絕非只為猶太民族，而是屬於所有人。

另外，也有種說法認為「提阿非羅」只是個虛構的名字。因為在那個時代，就算是高官，表態相信基督也將帶來生命危險，所以應該會避免使用真名。除此之外，提阿非羅這個名字有「愛天主」的意思，應該不是個特定的人物。

在此提到的「第一部書」指的是《路加福音》。在《使徒行傳》的第一章裡，記載著耶穌復活後的兩個約定。

提阿非羅【德敖斐羅】

聖靈【聖神】

② 編者按：本章引用的經文，若無特別註記，都是引自《使徒行傳》。

「約翰固然以水施了洗，但不多幾天以後，你們要因聖靈受洗。」這是第一個約定，第二則是以下的這句話：

但當聖靈降臨於你們身上時，你們將充滿聖靈的德能，要在耶路撒冷及全猶太和撒瑪利亞，並直到地極，為我作證人。

## 聖靈徹底改變了門徒

老實說，我從沒仔細讀過《使徒行傳》的第一章，總是不加思索地匆匆掠過。現在為了寫稿而重新細讀，才感受到它是相當嚴肅的。讓人敬畏的是，耶穌完成了他所有的承諾。在這兩個約定中，分別出現了一個我們不太熟悉的名詞：「聖靈」。說真的，如果被問到「什麼是聖靈？」相信能明確回答的基督徒並不多，我自己也是其中之一。依照《聖經》的說法，聖靈是天主的靈、是基督的靈。

除非受聖靈感動，沒有一個能說：「耶穌是主。」

《新聖經大辭典》裡提到：「非物質，具有人格與靈性的存在」。這部《使徒行傳》

的別名叫「聖靈行傳」。《使徒行傳》記載著宗徒們活躍的言行，而那些言語行為都是在聖靈推動下產生的。充滿耶穌承諾降下的聖靈，使拋棄耶穌並四散逃竄的宗徒們，變成無恐無懼的強者。在第二章中就記載著關於聖靈降臨的光景：

五旬節日一到，眾人都聚集一處。忽然，從天上來了一陣響聲，好像暴風颳來，充滿了他們所在的全座房屋。有些散開好像火的舌頭，停留在他們每人頭上，眾人都充滿了聖靈，照聖靈賜給他們的話，說起外方話來。（第二章第一至四節）

那段期間，許多僑居各國的虔誠猶太人回到耶路撒冷。聖靈所發出的聲響實在太大了，他們紛紛前來觀望；見到宗徒們用自己國家的語言說起話來，大家都驚異萬分。

讀到這一段時，一定有人說哪有那樣荒唐的事。我卻覺得，身為歷史學家的路加不可能寫些空穴來風的事情。的確，家裡發出像颳暴風的聲響、火舌般的東西停留在人們頭上、忽然講出從沒學過的外國話……等事並不常見，不過卻也不能斷言為子虛烏有。

我有一個當醫生的朋友，幾年前，當他的弟弟還是北海道大學英文系學生的時候，有一回在教會，忽然聽到一個男人站起來講出流暢的英文。那個男人是西裝師傅，對英文一竅不通。朋友的弟弟聽見他的發音正確、文法又毫無瑕疵，知道有種超出自己理解範圍的力量降臨在那人身上，從此便決意追隨天主了。像這樣的事，即使在現代也會偶爾發生。

總之，聖靈按照耶穌的宣告，降臨在宗徒們身上。現在，福音果真傳遍了世界的各個角落：從整年積雪的阿拉斯加，直到還住著食人族的未開化南方島嶼。由此可見耶穌所做的應許是確實的，叫人不信都難。當耶穌以最軟弱無力的樣貌死在十字架上時，誰能想像祂的名字將遍傳於普世？聖靈的偉大力量叫人讚嘆。

聖靈降臨的那一天，三千人聽了彼得的宣講後受洗。在那之後，宗徒們陸續行了多樣奇蹟。

就這樣，初期教會誕生了，或者，該說是「形成」了。在這裡有一段讓我非常感興趣的記述：

凡信了的人，常齊集一處，一切所有皆歸公用。他們把產業和財物變賣，按照每人的需要分配。每天都成群結隊地前往聖殿，也挨戶擘餅，懷著歡樂和誠實的心一起進食。他們常讚頌天主，也獲得了全民眾的愛戴；上主天天使那些得救的人加入會眾。（第二章第四十四至四十七節）

也就是說，基督教會剛開始的時候，是採取共產社會型態的。當然那是信仰與愛所產生的共產型態，是相當唯美的方式。從這裡，我覺得自己似乎見到了人類社會原點的至極姿態。

## 光的震撼

就這樣，充滿著聖靈的教會逐漸擴展；然而，對基督徒的迫害也因此展開。

宗徒們在百姓中行了許多徵兆，顯了許多奇蹟。眾信徒都同心合意地聚在所羅門廊下，其他的人沒有一個敢與他們接近的；但是百姓都誇讚他們。信主的人越來越增加，男女的人數極其眾多。宗徒們行了這樣多的奇蹟，以致有人把病人抬到街上，放在床上或褥子上，好叫彼得走過的時候，至少他的影子能遮在一些人身上。還有許多耶路撒冷四周城市的人，抬著病人和被邪魔所纏擾的人，齊集而來，他們都得了痊癒。大祭司和他的一切同人，即撒都該黨人，都起來，嫉恨填胸，下手拿住宗徒，把他們押在公共拘留所內。（第五章第十二至十八節）

這個章節應該不需要任何解說。那就是在耶穌被捕的那個晚上，三次不認主的彼得，在聖靈聖化下叫人驚嘆的面貌。不僅如此，當彼得被捕，並被大祭司等人命令不准以耶穌之名宣教時，他還說出了這樣的話來：

聽天主的命應勝過聽人的命。（第五章第廿九節）

—所羅門【撒羅滿】

這是一句多麼勇敢又充滿信德的話呀！此外，當時有位「充滿信德和聖靈」的宗徒司提反，《聖經》裡這麼寫：

司提反充滿恩寵和德能，在百姓中顯大奇蹟，行大徵兆。（第六章第八節）此外，也有和司提反辯論的人……但是他們敵不住他的智慧，因為他是藉聖靈說話。（第六章第十節）

辯論輸的人煽動百姓，控告司提反褻瀆天主。被解送到公議會時，司提反面容彷彿天使一般。迫害者將有著天使面容的司提反拉出城外，用石頭砸死他：

證人脫下自己的衣服放在名叫掃羅的青年人腳前。當他們用石頭砸司提反的時候，他祈求說：「主耶穌！接我的靈魂去罷！」遂屈膝跪下，大聲呼喊說：「主，不要向他們算這罪債！」說了這話，就死了。（第七章第五十八至六十節）

這是效法基督在十字架上的死與愛，而光輝燦爛地殉道。當時幫證人們看顧衣服的青年人掃羅，即為後來的宗徒保羅。當時那位青年人掃羅，贊同殺死司提反。用現代的說法來描述，可以稱他為幫兇。

……司提反【斯德望】—

……掃羅【掃祿】—

掃羅當時一定面不改色，看著染滿鮮血而漸漸死去的司提反，並大聲叫好吧！不，說不定他還不滿於自己必須看守衣物。因為掃羅也認為，身為人的耶穌號稱自己為天主子與救主，是一件極其褻瀆天主的事情。至高的天主子怎麼可能以人類的形體出現？掃羅說什麼也無法相信。

從司提反殉道的那天起，對基督宗教的迫害便全面展開。除了宗徒以外，眾人棄家而逃，四散到猶太和撒瑪利亞鄉間。領導這場迫害的人正是掃羅。他帶頭闖入信眾家中，將來不及逃跑的男女拖出，並全部送進獄中。當時的掃羅就像頭兇暴的猛獸，四處作惡。然而，其間依然蘊藏了天主的奇妙旨意。四散逃亡到猶太和撒瑪利亞的人們行了許多奇蹟，並藉此將福音傳遍了那些地方。

話題轉回掃羅身上，他一邊迫害耶穌的門徒、一邊意氣昂揚地前往大馬士革。但是，在那段旅途上發生了一件事，將掃羅的人生做了一百八十度的大迴轉。

當他前行，快要臨近大馬色的時候，忽然從天上有一道光，環射到他身上。他便跌倒在地，聽見有聲音向他說：「掃羅，掃羅，你為什麼迫害我？」他答說：「主！你是誰？」主說：「我就是你所迫害的耶穌。但是，你起來進城去，必有人告訴你當作什麼。」陪他同行的人站在那裡，說不出話來；只聽見聲音，卻看不見什麼人。掃羅從地上起來，睜開他的眼，什麼也看不見了。（第九章第三至八節）

—大馬色【大馬士革】

完全無法預料的事情發生了。當那位以迫害基督徒為人生目標的掃羅，快馬加鞭地奔馳於前往大馬士革的路上時，天上降下了一道光。掃羅因此失明，不過，很幸運地，他親耳聽見了耶穌的聲音。

之後一連三天，掃羅不能吃、不能喝，腦中、耳中迴盪著：「掃羅，掃羅，你為什麼迫害我？」當時的他，一定馬上跪倒在基督面前祈禱。從那個時刻起，掃羅成了相信基督的人。而那之後，他的雙眼也被治癒了。

然而，驚惶失措的卻是那些基督徒們。直到昨天還是最令人恐懼的掃羅，竟然開始向僑居於大馬士革的猶太人宣講「耶穌正是天主子」。基督徒們仍然懷疑害怕，不敢貿然接近掃羅。那其實是很正常的事情。人們在還不知道掃羅的遭遇之前，根本不可能相信他的忽然劇變，因而懷疑那只是個陷阱。

在這裡，出現了一位偉大的宗徒巴拿巴。「巴拿巴」有「安慰之子」的意思，是有包容力、風評又好的宗徒。他拜訪了掃羅並親切地接待了他，甚至將他帶到宗徒們面前，對眾人講述在掃羅身上發生的天主恩寵。後來，宗徒們便漸漸接受了掃羅。

保羅（「掃羅」是希伯來名，「保羅」則是羅馬名）從小在法利賽黨嚴格的教育下長大，是耶路撒冷著名的法學士迦瑪列門下的才俊。此外，他一出生就擁有羅馬的公民權，享有羅馬人種種的特權與保護。有人說保羅的父親想必做了什麼偉大的功績，才能拿到公民權。

—巴拿巴【巴爾納伯】

—迦瑪列【加瑪里耳】

總之，保羅不管在信仰層面或在一般社會上，都備受尊敬。至於他究竟如何運用本身優越的條件傳揚基督，我們可以從往後的記錄以及他的書信中得知。就這樣，藉著聖靈的力量，大迫害者掃羅改變了。

## 希律王迫害基督徒

然而，另一方面，對基督徒的迫害卻越演越烈，希律王甚至殺了宗徒雅各。有力的宗徒雅各被殺，叫猶太人相當高興。希律為了再討猶太人喜歡，進而拘捕彼得。但是，即使彼得被安置在兩個士兵中，身上又綁著兩道鎖鏈，天使依然將他領出監獄，讓他平安無事地回到宗徒們的家裡。

在那之後，迫害者希律向民眾們發表演說，民眾們呼喊著：「這不是人的聲音，而是神的聲音。」正當希律得意洋洋地繼續演講時，卻被毒蟲們咬死了。被關在監獄裡的彼得得救了，將彼得打入獄中的希律卻被蟲子害死。在《使徒行傳》裡，像這樣因聖靈而發生奇蹟的比比皆是，就算一再遭受迫害，基督的福音卻因此傳播地更廣、更遠。

迫害的箭頭轉向了保羅，一直是加害者的保羅，轉身一變成了遭受迫害的對象。保羅皈依基督，對祭司長和經師而言是完全無法饒恕的背叛，他們對背叛者的憎恨也因此倍增。至於保羅究竟受到了什麼樣的迫害，他自己曾經這樣寫：

論勞碌，我更多；論監禁，更頻繁；論拷打，過了量；冒死亡，是常事。被猶太人鞭打了五次，每次四十下少一下；受杖擊三次；被石擊一次；遭翻船三次；在深海裡度過了一日一夜；又多次行路，遭遇江河的危險、盜賊的危險、由同族來的危險、由外邦人來的危險、城中的危險、曠野裡的危險、海洋上的危險、假弟兄中的危險；勞碌辛苦，屢不得眠；忍饑受渴，屢不得食；忍受寒冷，赤身裸體；……（《哥林多後書》第十一章第廿三至廿七節）

像這樣的記錄，我們一邊讀，一邊設身處地想像那些苦難，似乎更容易理解保羅身上所承受的痛苦。首先，被監禁已是相當大的威脅。

我住的旭川，有一座附設暖氣與沖水馬桶、設備完善的監獄。可是，就算它的設備再完善，被關進去還是得受不少苦。兩千年前的牢房就更別提了，恐怕是骯髒到連人身上都會長黴的場所。

在這裡，「每次四十下少一下」，意思就是三十九下，是猶太律法中最嚴重的鞭刑。讓我們來看看《新聖經大辭典》裡是怎麼說的。

犯人站在兩根柱子中間，兩手被捆在兩頭的柱上，裸露出肩膀與胸部。鞭子是用牛皮做成的，上面還纏繞著兩條驢皮繩增強痛苦效果。再由壯漢手持皮鞭，用盡全力鞭打犯人的胸部十三次與肩膀二十六次。光只是想像那皮鞭打在自己胸上一次的滋味，應該就可以瞭解有多苦痛了。羅馬人的鞭刑又不同了。依照犯罪者的身分不同，所用的鞭子也有所區別。如果罪犯是個自由人，就會用樺木製成的木頭鞭子來打。犯人一樣也被剝光衣服綁在柱上受刑。

那樣的鞭刑是完全不給人留任何餘地的殘酷刑罰。受刑人若是奴隸、外國人或死刑囚，鞭子尾端將會綁上幾條鑲著金屬環的皮繩。耶穌被釘十字架之前，就是被這種鑲了金屬環的皮鞭打得皮開肉綻。

接下來是「被石擊」。《使徒行傳》第十四章十九節中記載，保羅被石頭打得半死不活。保羅在信中所指的恐怕就是那個經驗吧！說起石頭，我原本以為是像孩子們丟著玩的小石子，實際上卻是相當大的石塊。那是只要想像任何一個石塊砸在自己身上，就足以讓人毛骨悚然的酷刑。

然而，不管受了多少殘酷的刑罰，宗徒們依然熱心地宣講福音。這些極具戲劇性的情節栩栩如生地記載在《使徒行傳》，是《新約聖經》中讀起來最叫人入味的部分。

## 保羅所行的奇蹟

正如同彼得行過很多奇蹟，保羅的奇蹟也不少。

天主藉保羅的手，行了一些非常的奇事，甚至有人拿去他身上的毛巾或圍裙，放在病人身上，疾病便離開他們，惡魔也出去了。（第十九章第十一至十二節）

受迫害的苦難雖然大，相對之下，民眾的讚賞與擁戴也不少，甚至還因此引起了以下的事件：

在路司得城有一個人，患軟腳病，常坐著，由母胎中即是跛子，總沒有行走過。這人聽保羅講道；保羅注目看他，見他有信心，可得痊癒，便大聲說道：「直直地站起來！」這人遂跳起來行走。群眾看見保羅所行的，就大聲用呂高尼話說：「神取了人形，降到我們這裡了！」他們遂稱巴拿巴為丟斯，稱保羅為希耳米，因為他是主要發言人。在城關的丟斯祭司，就帶著公牛與花圈來到大門前，要同群眾一起獻祭。巴拿巴和保羅宗徒聽說這事，就撕裂了自己的衣服，跑到群眾中，喊著，說道：「人哪！你們這是作什麼？我們也是人啊！與你們有同樣的性情；我們只是給你們傳揚福音，為叫你們離開這些虛無之物，歸依生活的天主，是他創造了天地海洋和其中的一切。他在過去的世代，容忍了萬民各行其道；但他並不是沒有以善行為自己作證，他從天上給你們賜了雨和結實的季節，以食物和喜樂充滿你們的心。」說了這些話，

—路司得【呂斯特辣】

—呂高尼【呂考尼雅】

—丟斯【則烏斯】

—希耳米【赫爾默斯】

纔算阻住了群眾，沒有向他們獻祭。（第十四章第八至十八節）

從這件事，我們可以看出保羅和巴拿巴是真正有信德的人。如果真有牟利的想法，他們兩人大可化身為教祖，行奇蹟而大撈一把；甚至可以讓大家認為自己真是神所變身的人形。然而這兩人卻與希律王不同，他們撕裂了自己的衣服，並大聲宣言：「我們也和你們同樣是人！」才好不容易阻止了群眾。

不管有多強的能力，能顯多少驚人的奇蹟、甚至出生於皇族，人畢竟只是人，沒有一個例外。而天主只有一位：耶穌基督的天父，創造天地萬物的全能天主。

保羅並沒有為金錢所惑，反而繼續為傳福音忍受苦難，到最後被當成犯人押解到羅馬。在羅馬的兩年間，《使徒行傳》的作者路加一直和保羅同甘苦共患難。因此，有人說《使徒行傳》的內容大半是由保羅口中所聽來的。

在此，對別名「聖靈行傳」之《使徒行傳》的介紹即將告一段落。這就是宗徒們在耶穌升天後的三十年間驚人的活動記錄。由此可見，被稱為青年人掃羅的保羅在羅馬的時候，至少也有五十五、六歲了吧！在這三十年裡，福音就透過囚犯保羅，被遠傳到當時世界的中心羅馬去了。

# 08

# 多變的世界和不變的愛——

## 使徒的書信

## 為我們而寫的信

繼《使徒行傳》之後，則是被稱為「使徒書」的門徒書信集。這些書信位於《新約聖經》的後半部，日文《新約聖經》大約有一百五十多頁。所以，《使徒行傳》應該可以說是連結《福音》與使徒書信間的橋樑。

宗徒們的書信共分為二十一封，大半是保羅寫的。但是，保羅並沒有親自書寫，而是口述，由他人記錄。我們雖然無法確知他那樣做的理由，但傳說保羅的視力並不好。我因右手的疼痛，長久以來也一直採取口述的方式撰寫原稿。因此，我每次讀保羅書信，腦中總不由得浮現他口述的模樣。

保羅可能連作夢也沒想到，這些信在後代會被當成《聖經》的一部分，被全世界的人閱讀吧！我即使生性健忘，也背得出其中幾個句子或段落。就連我都已經讀過數十遍了，還聽說有個患痲瘋病又眼盲的病人，能背誦整部《聖經》，可見這些書信在兩千年來，給了人類多大的信德鼓舞。實在偉大！

提到書信，不禁叫我想起一位醫師。有一次，當我進入診療室時，他正在一封封地仔細閱讀寄給住院患者的明信片，邊讀邊微笑，有時甚至癡癡傻笑，完全不以正眼看我！的確，寫給別人的信確實比寫給自己的信更引人入勝。宗徒書信的直接對象並不是我們，可說是寫給他人的信件。照理說，對我們而言應該也是有趣的。然而，如果不知道收信人是何等人物，讀起來可就一點意思也沒有了。若不瞭解收件者人的背景，讀了恐怕也是一頭霧水。

現在，就讓我一邊翻閱解說書、一邊和大家一起讀讀這些宗徒書信吧！

宗徒們寫這些書信的目的，在於教導各地的教會與基督徒，幾乎沒有《福音》或《使徒行傳》的戲劇性場面。但是，卻有很多對信德層面的具體教導、要求與訓示。因此，對於那些信仰有疑問的人，有相當深刻的說服力。

限於篇幅，在這裡僅挑出個人深受感動、或覺得重要的句子作介紹。

在使徒書信裡，最容易讀的應該算是《雅各書》。傳說這位雅各是耶穌的兄弟。當耶穌還在世時，雅各一點兒也不相信他，對他毫不理解。在《福音》中也曾經提到他為了不讓耶穌傳道，還親自去制止。然而，耶穌復活後，他不但成了信徒，還成了耶路撒冷教會的指導者。這一定也是聖靈所行的工作吧！

——《雅各書》【《雅各伯書》】

## 《雅各書》：沒有行動的信仰是死的

許多優秀的作者或天才畫家在世時，作品得不到肯定。像這樣的例子我們不知聽了多少。《雅各書》雖然是使徒書信中最容易讀的一部，卻也是懷才不遇的書信。

剛開始，《雅各書》並沒有被列入基督新教的《聖經》中，編入後卻被馬丁・路德批評它為「禾秸書信」，掀起將此書從《聖經》中排除的運動。從那個時候開始，基督新教的基督徒依循路德的眼光，看待雅各的書信。

那麼，《雅各書》中究竟是什麼地方叫人如此輕視呢？請看下面部分引文：

忍受試探的人是有福的，因為他既經得起考驗，必能得到主向愛他的人，所預許的生命之冠。（第一章第十二節）

每人都該敏於聽教，遲於發言，遲於動怒……。（第一章第十九節）

你們應按這聖言來實行，不要只聽，自己欺騙自己；（第一章第廿二節）

你們既信仰我們已受光榮的主耶穌基督，就不該按外貌待人。如果有一個人，戴著金戒指，穿著華美的衣服，進入你們的會堂，同時一個衣服骯髒的窮人也進來，你們就專看那穿華美衣服的人，且對他說：「請坐在這邊好位上！」而對那窮人說：「你站在那裡！」或說「坐在我的腳凳下邊！」這豈不是你們自己立定區別，而按偏邪的心思判斷人嗎？（中略）豈不是富貴人仗勢欺壓你們，親自拉你們上法庭嗎？（第二章第一節至第六節）

我的弟兄們，若有人說自己有信德，卻沒有行為，有什麼益處？難道這信德能救他嗎？假設有弟兄或姐妹赤身露體，且缺少日用糧，即使你們中有人給他們說：「你們平安去罷！穿得暖暖的，吃得飽飽的！」卻不給他們身體所必需的，有什麼益處呢？信德也是這樣：若沒有行為，自身便是死的。也許有人說：你有信德，我卻有行為；把你沒有行為的信德指給我看，我便會藉我的行為，叫你看我的信德。（第二章第十四節至第十八節）

以上就是雅各特有的說話方式。雅各到底在哪裡觸犯了馬丁．路德的忌諱？然而，雅各並沒有說錯話，他只是具體明言理所當然的事。歷代基督新教的神學家和宗教學者指摘的問題點在於，《雅各書》沒有「福音性」，而是否具有「福音性」對基督新教是相當重要的。

那麼，「福音」又是什麼呢？我雖然一再重複，仍願在此說明，福音即是：「基督代替我們罪人被釘在十字架上，死而復活。只要相信十字架的死亡與復活，就能得到永遠的救贖。」也就是說，人類並不是靠著什麼值得誇耀的行為、或顯赫的功績，因而得到天主的救贖。人就算做了再多的好事，也沒有辦法補贖自己的罪行。能夠贖罪的只有基督一位。這就是基督宗教的根本信仰。

比起宣揚基督的十字架，這部《雅各書》將重點放在「什麼才是符合信徒身分的言行舉止」上，因此被認為「缺乏福音性」。直到現在，《雅各書》仍被鎖在冷宮。

前述的「忍受試探的人是有福的，因為他既經得起考驗，必能得到主向愛他的人，所預許的生命之冠。」這句話被批評為與福音脫節。然而，信德究竟是什麼？指的是聽天主的話；不只「聽」，還要「聽從」。保羅那樣強調信德，也這樣規勸：

**你們也應該這樣跑，好能得到獎賞（《哥林多前書》第九章第廿四節）**

為了得到獎賞而跑的這句話，不就是重視自己本身的行動嗎？但是並沒有人批評保羅不夠「福音性」。那是因為在另一方面，他同時也大力強調基督之贖罪的關係。

雅各沒提到基督的救贖是事實。可是，如果僅因為這樣就判定他忽視十字架，對嗎？雅各應該是以「基督的救贖已經用不著複述，是再明白不過的道理」為前提，才寫下這樣的信吧！不管在什麼時代，總會有一群認為「只要相信，什麼罪都會被赦免」，因而沉溺於放縱生活中的人。雅各可能就是針對那樣的人寫這部書信。

耶穌也曾經說過：「你們可憑他們的果實辨別他們。」為了滿足自己的慾望而濫用信德的人是不義的，雅各所要戳破的正是這點。他稱自己為「天主及主耶穌基督的僕人雅各」，又強調「既信仰我們已受光榮的主耶穌基督」，對基督的姿態是相當明顯的。如果瞭解這點後再閱讀此信，就會覺得「禾秸書信」的批評實在太過嚴苛；此外，我覺得這封信對我們現代人而言，也佔相當重要的地位。

另外，據說這封書信的作者雅各是耶穌的兄弟。在當時，哥哥、弟弟，甚至是堂表兄弟都概稱為「兄弟」。我們不清楚雅各究竟是耶穌的表親，或是真兄弟，無論如何，他嚴厲斥責富者的話，與《路加福音》中耶穌的話有著相當多的共通性，引人深省。叫我們不禁覺得，兩人在生活上必定極為接近。

## 二十一封書信的引言

—《猶大書》【《猶達書》】

提到使徒書信時，我雖然以《雅各書》做了開場白，不過《新約聖經》卻是以保羅所寫的《羅馬書》為首的十四封信開始，之後則是《雅各書》、彼得的兩封信、約翰三書以及《猶大書》共計二十一封書信。

關於最後的那封《猶大書》，我起先竟以為出自那個加略人猶大之手①。如果翻開當年閱讀的《聖經》，將會發現我用紅色鉛筆寫下的標註：「像這樣的猶大，究竟為什麼失去信德呢？」現在看到不禁莞爾。不過，《聖經》中實在有不少相同的名字。雅各和首先殉道的約翰兄弟同名。約翰這個名字也是，宗徒約翰用、施洗的約翰也用。甚至連我以為僅有一位的「耶穌」這個名字，也曾經在別人身上出現過。若要避免對《聖經》產生不必要的誤解，還得需要參考書或仰賴前輩的指引。

先不提這些，接下來我想介紹各封使徒書信的特徵，以及一些特別叫我心有所感的句子。但因《聖經》上的話有前後關係，需要特別注意，因此我還是希望大家能從頭讀到尾。

## 《羅馬書》：保羅的遺言

本書雖然稱為信件，卻帶著強烈的神學傾向，堪稱精彩論文。為了不讓基督宗教的信仰遭受曲解或誤傳，保羅以交付遺言的心態寫下這封信。

自從天主創世以來，祂那看不見的美善，即祂永遠的大能和祂為神的本性，都可憑祂所造的萬物，辨認洞察出來。（第一章第廿節）

給工作的人工資，不算是恩惠，而是還債；但為那沒有工作，而信仰那使不虔敬的人復義之主的，這人的信德為他便算是正義，這才是恩惠。（第四章第四至五節）

他在絕望中仍懷著希望而相信了。（第四章第十八節）

不但如此，我們連在磨難中也歡躍，因為我們知道：磨難生忍耐，忍耐生老練，老練生望德，望德不叫人蒙羞。（第五章第三至五節）

不要把你們的肢體交與罪惡，作不義的武器。（第六章第十三節）

罪惡的薪俸是死亡。（第六章第廿三節）

① 譯者按：日文中兩個人名譯法相同。下文中，雅各和約翰的兄弟雅各，以及宗徒「約翰」和「施洗者約翰」日文的譯法也相同。

應與喜樂的一同喜樂，與哭泣的一同哭泣。（第十二章第十五節）

不可心高妄想，卻要俯就卑微的人。不可自作聰明。（第十二章第十六節）

你們不可為自己復仇，但應給天主的忿怒留有餘地，因為《聖經》上記載：「上主說：復仇是我的事，我必報復。」所以：「如果你的仇人餓了，你要給他飯吃；渴了，應給他水喝。」（第十二章第十九至廿節）

前述十九節中出現了「復仇」和「天主的忿怒」這些字眼，乍看之下會叫人覺得距離愛的天主很遠。然而，在這漫長的歲月中，不知有多少人就為了這一句而打消復仇的念頭呢！此外，這些句子也經常成為文學作品的題材。

## 《哥林多前書》：愛的真諦

這部書信與《羅馬書》一樣，同為保羅的作品。哥林多城是羅馬帝國阿哈雅省的省會，與以弗所同為繁榮發達的大都會。

保羅在哥林多城創立教會，三年後卻聽到哥林多教會的不好風聲。住在哥林多的革來氏家人告知保羅「教會內的紛爭」與「信徒的亂倫」；亂倫指的是有人與父親的妻子（應該是續娶的後妻）同寢。保羅聽說這兩件事後，毅然決定寫下這封書信。

—《哥林多前書》【《格林多前書》】

—以弗所【厄弗所】

—革來氏【黑羅厄】

另外，保羅在這封信中，也答覆了哥林多教會所提出，關於婚姻與復活等問題。在此需要特別留意的是關於復活的問題。當我們對復活感到疑問時，應該可以在此書中找到答案。

原來十字架的道理，為喪亡的人是愚妄，為我們得救的人，卻是天主的德能。（第一章第十八節）

誰也不可拿人來誇口。（第三章第廿一節）

知識只會使人傲慢自大，愛德才能立人。若有人自以為知道什麼，這是他還不知道他該怎樣知道。（第八章第一至二節）

我若有先知之恩，又明白一切奧祕和各種知識；我若有全備的信心，甚至能移山；但我若沒有愛，我什麼也不算。我若把我所有的財產全施捨了，我若捨身投火被焚；但我若沒有愛，為我毫無益處。（第十三章第二至三節）

愛是恆久忍耐；又有恩慈；愛是不嫉妒；愛是不自誇，不張狂，不做害羞的事，不求自己的益處，不輕易發怒，不計算人的惡，不喜歡不義，只喜歡真理；凡事包容，凡事相信，凡事盼望，凡事忍耐。（第十三章第四至七節）

《哥林多前書》的第十三章，是被稱為「愛的真諦」的知名章節，熟記的人也不少。

當人們要我於簽名板上簽字時，我常喜歡寫「愛是忍耐」，就是從上面的經文中節略出來的。對於充滿紛爭與道德敗壞的哥林多信徒而言，這些話究竟造成了多少影響？叫人不禁充滿遐想。

接下來我想摘錄的是第十五章，對於復活的詳細敘述。

我們既然傳報了基督已由死者中復活了，怎麼你們中還有人說：死人復活是沒有的事呢？假如死人復活是沒有的事，基督也就沒有復活；假如基督沒有復活，那麼，我們的宣講便是空的，你們的信仰也是空的。此外，如果死人真不復活，我們還被視為天主的假證人，因為我們相反天主作證，說天主使基督復活了，其實並沒有使祂復活，因為如果死人不復活，基督也就沒有復活；如果基督沒有復活，你們的信仰便是假的，你們還是在罪惡中。那麼，那些在基督內死了的人，就喪亡了。如果我們在今生只寄望於基督，我們就是眾人中最可憐的了。（第十五章第十二至十九節）

## 《哥林多後書》：恩典夠用

我經常收到讀者們寫來的信，發覺有煩惱的人實在很多。仔細想想，我們並不明白

—《哥林多後書》【《格林多後書》】

人生中何時會發生何事。對於遭受如此煩惱的人、或是對於那些失去了生存希望的人們，這部《哥林多後書》將是相當大的鼓勵與安慰。這是從古至今眾所皆知的事。

為什麼這部後書會充滿慰藉與激勵？因為保羅寫這封信時，也正深陷於苦悶煩惱中。是什麼問題困擾著保羅？第一封信中，他極力想禁止教會內的紛爭與亂倫，但教會內部的問題卻稱不上解決。就算寄出了「愛的真諦」般偉大的語句，哥林多教會的信眾也不一定樂意接受。

不，還不只是那樣。那個時候的猶太主義保守派，在四處的教會引起騷動，哥林多教會也不例外。他們發動反保羅派，加以煽動，甚至想趁機篡奪整個教會。保羅遭受中傷毀謗，許多攻擊迎面而來。

在那樣的狀況下，保羅於現存兩封給哥林多教會的書信之間，其實還有另外兩封信。其中有一封被稱為「淚函」，但已經失傳。現存的第二部書信，聽說是在教會稍微安定下來的時候寄發的。儘管如此，那些叫保羅傷心的亂倫與紛爭還是留下了深深的痕跡。

剛開始的時候，我根本連想也沒想過《聖經》中竟然會出現亂倫、姦淫或紛爭等詞彙。我本以為，《聖經》的內容應如書名所述，充滿聖潔的事物。然而，《聖經》卻不留餘地地挖掘出人類的現實面。就像光明暴露了黑暗，天主聖言也光照了我們這些醜惡的人類。

是祂在我們的各種磨難中，常安慰我們，為使我們能以自己由天主所親受的安慰，去安慰那些在各種困難中的人。（第一章第四節）

我們受到了非人力所能忍受的重壓，甚至連活的希望也沒有了；而且我們自己也認為必死無疑，這是為叫我們不要倚靠自己，而只倚靠那使死人復活的天主。（第一章第八至九節）

你們寬恕誰什麼，我也寬恕。（第二章第十節）

我們在各方面受了磨難，卻沒有被困住；絕了路，卻沒有絕望；被迫害，卻沒有被棄捨；被打倒，卻沒有喪亡；身上時常帶著耶穌的死狀，為使耶穌的生活也彰顯在我們身上。（第四章第八至十節）

上面這句話，叫我想起了昭和時期的交通部長松浦周太郎先生。他年輕時事業進行得並不順利，甚至窘迫到想連夜潛逃。然而，身為基督徒的他在《聖經》中看到了這句話，毅然決然留下，一切重新出發。他和我一樣住在北海道，我從牧師的口中聽說了他的事情。《聖經》的聖言一旦有了血肉，就會產生如此大的力量！我在病床上得知了這一點。

我們並不注目那看得見的，而只注目那看不見的；那看得見的，原是暫時的；那看不見的，才是永遠的。（第四章第十八節）

**但主對我說：「有我的恩寵為你夠了，因為我的德能在軟弱中才全顯出來。」**（第十二章第九節）

對於那些沒有任何煩惱的人而言，這些話說不定起不了什麼安慰或鼓勵的效用。但是，對於長年臥病在床、不知何時才會痊癒的我而言，這句話真不知道帶來多少的鼓勵與力量。拿出當時幾乎翻爛了的《聖經》，便會清楚看見那段話下，有著彷彿昨天才剛劃下的紅線：

**有我的恩寵為你夠了，因為我的德能在軟弱中才全顯出來。**

文言文的這句話，以強大的力道向我襲來。我在行間寫下：

「我為此病痛感謝主。請賜給我能夠明朗地活下去的力量。以馬內利（天主與我們同在）．阿們」接著，下面的這句聖言

**因為我幾時軟弱，正是我有能力的時候。**

被我用藍筆圈了起來。當時平安滿盈的心境至今記憶猶深。

**我們並不能作什麼來反對真理，只能擁護真理。**（第十三章第八節）

以馬內利【厄瑪奴耳】

## 《加拉太書》：燎起宗教改革之火的書信

日文版《新約聖經》中《加拉太書》雖然只有短短八頁，卻是使徒書信中相當重要的一封。究竟有多重要？我曾在前面提過，馬丁．路德將雅各書稱為「禾秸書信」。對於比起信仰更強調行為的《雅各書》，路德採取的是輕視的態度；但是，他卻相當看重《加拉太書》，甚至宣稱「我和這封書信結了婚」。

這封信，可以說是燎起宗教改革之火的書卷，因為路德高舉宗教改革的旗幟，是在講授了《加拉太書》之後不久。也就是說，這部深深打動了馬丁．路德的書信，所強調的是：只有對基督的信德才能領人走向永遠的救贖。但是，保羅為什麼帶著怒氣寫下這封信？他究竟在氣些什麼？因為，曾在哥林多教會引發動亂的猶太主義保守派，也到了加拉太各教會興風作浪。

猶太教的教理是，僅遵循《舊約聖經》，並強調如果不守律法就無法得救。猶太教徒蔑視相信基督十字架的人，罵他們為「沒受割損禮的傢伙」。

割損禮指的是什麼？剛開始讀《聖經》的時候，割損禮這個詞聽起來實在刺耳。有一天，我開口詢問一位領我讀《聖經》的年輕人。當時，我們正好面對面地坐在咖啡廳裡，直到今日，我還記得他面紅耳赤的困擾模樣。

割損禮，是指猶太境內誕生的男孩，出生後第八天必須進行的儀式。雖說是儀式，卻是將男性生殖器官的包皮割開、或切掉一部分的外科手術，在宗教上有祝聖的涵意。沒有施行割損禮的人就不算是猶太人；因此，割損禮等於是選民的記號。另外，猶太人也逼迫住在國內的異邦人接受割損禮。這個問題在《使徒行傳》中曾經被提過。

那些猶太主義保守派的基督徒（保羅稱他們為「潛入的假兄弟」），甚至要求加拉太諸教會的信徒們也接受割損禮。

對於生活在現代的我們而言，這種不接受割損禮就無法得救的法律，未免太過愚蠢。然而，在人類的世界裡，風俗習慣其實極為可怕。只因為沒有受割損禮，就有可能輕視他人、發動攻擊，甚至發展成宗教論爭。話說回來，我們也應該仔細想想，現代是否也有類似割損禮這樣的風俗？

總之，保羅以他堅強的鬥志，為福音展開辯論。其中一例即為以下這個句子。

**巴不得那些擾亂你們的人，將自己割淨了！**（第五章第十二節）

「巴不得……割淨了！」這句直接而猛烈的言詞，包含著對那些吵著要人割損的派系強烈的諷刺與憤怒。

「如果割損禮真有那麼可貴，不如乾脆把自己閹了吧！」

原文的意思應該是這樣。這樣的講法雖然稍嫌低俗，但是，保羅面對的恐怕就是不得不說出這種話來的情況吧！

當然，在這封信中也有改變語氣的真實勸勉。

基督解救了我們，是為使我們獲得自由；所以你們要站穩，不可再讓奴隸的軛束縛住你們。（第五章第一節）

不用說，「奴隸的軛」指的就是，被割損與律法綁得死死的信仰方式。

弟兄們，你們蒙召選，是為得到自由；但不要以這自由作為放縱肉慾的藉口，惟要以愛德彼此服事。因為全部法律總括在這句話內：「愛你的近人如你自己。」（第五章第十三至十四節）

你們應彼此協助背負重擔。（第六章第二節）

因為各人要背負自己的重擔。（第六章第五節）

前述這第二節和第五節的句子，應該被當成是一體的兩面來看。

我們行善不要厭倦。（第六章第九節）

人就是如此，只要行了一件善事，就好像做了什麼了不起的大事一般，因而自我滿足，進而心生厭倦，不再繼續行善，甚至產生自己施恩於人的傲慢。

## 《以弗所書》：婚禮中常朗讀的書信

一九七七年，池田滿壽夫先生的小說《獻給愛琴海》榮獲芥川文學獎。以弗所即是面對愛琴海的海港都市，是商業與宗教的中心。以弗所的市街地圖，標示著大型民眾浴場和寬廣的露天劇場，一看就知道是羅馬帝國時代的繁華都會。

在以弗所，眾人崇拜著名的月亮女神「阿爾特米（Artemis）」。當時的阿爾特米神像裸露著胸膛站立在那裡，據說是在紀元前五百九十年左右建立的。

這封又被稱為「昇天書信」的《以弗所書》，是保羅被監禁在羅馬時寫給以弗所諸教會的信。另外，也有人說它是「適於信徒靈修的書信」。

保羅在《加拉太書》中強調的是對基督的信德，然而在《以弗所書》中則指示了生存的道德倫理。因此有人懷疑這封信並不出於保羅之手。

因為你們得救是由於恩寵，藉著信德，所以得救並不是出於你們自己，而是天主的恩惠；不是出於功行，免得有人自誇。原來我們是祂的化工，是在基督耶穌內受造的，為行天主所預備的各種善工，叫我們在這些善工中度日。（第二章第八至十節）

《以弗所書》【《厄弗所書》】

只有一個天主和眾人之父，他超越眾人，貫通眾人，且在眾人之內。（第四章第六節）

這樣的句子顯示了天主的超越性、普遍性與內在性。

「你們縱然動怒，但是不可犯罪。」不可讓太陽在你們含怒時西落。（第四章第廿六節）

一切壞話都不可出於你們的口；但看事情的需要，說造就人的話，叫聽眾獲得益處。（第四章第廿九節）

同樣，猥褻、放蕩和輕薄的戲言都不相宜。（第五章第四節）

生活自然要像光明之子一樣。（第五章第八節）

你們作妻子的，應當服從自己的丈夫，如同服從主（基督）一樣。（第五章第廿二節）

你們作丈夫的，應該愛妻子，如同基督愛了教會，並為她捨棄了自己。（第五章第廿五節）

上述的最後兩句是對妻子及丈夫說的話，常在教會的婚禮中朗讀。

## 《腓立比書》：能鼓勵人保持喜樂

腓立比是羅馬帝國的屬地，同樣是個商業繁榮的城市。剛開始是因近郊出產金銀礦而興盛。

腓立比教會與保羅保持著相當親密的關係。保羅身陷獄中時，腓立比教會提供了物質上的援助。腓城教會的熱心信徒以巴弗提，帶了錢財到以弗所監獄去探望保羅。他原本準備留下來服侍保羅，卻不幸身患重疾，原因似乎出於思鄉。

保羅將痊癒後的以巴弗提送回腓立比，請他一併帶回此信。保羅擔心腓立比教友誤會，認為以巴弗提之所以無功而返是因為缺乏責任感，因此，在信中寫道：

> **所以你們應該在主內滿心喜歡接待他；像這樣的人，你們應當尊敬，因為他為了基督的工作，曾冒性命的危險，接近了死亡。**（第二章第廿九至卅節）

除了擔心以巴弗提外，信中還警告信友對猶太主義保守派人士保持警戒，並強調了教會要合一。

這封《腓立比書》，是一封被稱為讀了就懂的書信，其中我所喜愛的金句也特別多。只要一提起「腓立比」，心中就會馬上浮現「喜樂」二字，可見這封信中充滿了喜樂的言詞。

《以巴弗提》【厄帕洛狄托】—

《腓立比書》【《斐理伯書》】—

因為在我看來，生活原是基督，死亡乃是利益。（第一章第廿一節）

為了基督的緣故，賜給你們的恩賜，不但是為相信祂，而且也是為了為祂受苦（第一章第廿九節）

你們在主內應當常常喜樂，我再說：你們應當喜樂！（第四章第四節）

我也知道受窮，也知道享受；在各樣事上和各種境遇中，或飽飫、或饑餓、或富裕、或貧乏，我都得了祕訣。我賴加強我力量的那位，能應付一切。（第四章第十二至十三節）

即使身陷囹圄，依然能夠寫出這樣的信，保羅的信德就算在兩千年後的今天，還是叫我們深受感動。

## 《歌羅西書》：基督V.S.世俗

我住到五歲為止的家附近有一間染色工坊。那塊不算小的空地上，總是擺滿了用竹條撐開來晾乾的染布。每次經過那裡，就會聞到一股染料的酸味。直到現在，我只要看到「染色」二字，總覺得好像又聞到了那股酸味一般。

歌羅西這座城市，據說是一座染布之城，染布產業非常興盛。我想，這座城裡一定也充滿了那種酸酸的味道。

歌羅西的近鄰是世界羊毛生產的一大中心。歌羅西城負責為羊毛染色，老底嘉城則將布料製成衣服。然而，這兩座繁華的城市如今已不復見。在老底嘉還可以見到一些遺留的廢墟；不可思議的是，歌羅西卻連一塊堪稱遺跡的石頭都找不到。也就是說，整座城消失得無影無蹤。歌羅西城究竟消失到哪裡去了呢？這附近以經常地震而聞名，不過，即使因為地震而消失，也該留下點什麼才是。

讀到這樣的事實後，我不禁想像自己現在居住的城市或東京、大阪，是否有一天也會像歌羅西一般，消失得連一點兒影子都沒有？眼睛可見到的事物的確不會永遠存在。

回歸正題。歌羅西城的教會同樣出了問題。也就是說，城中也遭到輕視基督十字架的不良份子侵入。他們所提倡的異端謬論為何？我們可以藉著書信得知。

> 你們要小心，免得有人以哲學，以虛偽的妄言，按照人的傳授，依據世俗的原理，而不是依據基督，把你們勾引了去。（第二章第八節）

在這裡，保羅將哲學與虛偽的妄言相提並論。哲學當然不等於虛偽的妄言，保羅之所以這樣講，想必是為了對抗那些以哲學否定信仰、迷惑純樸信徒、使他們輕視基督十字架的人。

老底嘉【勞狄克雅】

類似的危機在現代社會中也經常出現。重視學問超過信仰，並因此危及他人的例子比比皆是。有的時候，連在神學領域中也會出現類似「虛偽妄言」的東西。另外，保羅也提及了一些與日常生活息息相關的問題。

**為此，不要讓任何人在飲食上，或在節期或月朔或安息日等事上，對你們有所規定。**（第二章第十六節）

當時，禁欲主義深深影響教會：吃了什麼東西是不潔、不吃什麼東西就可以保持潔淨……等等。那些規定來自《舊約聖經》，記載著什麼東西可以吃、什麼東西不能吃的法律。禁欲主義者就是一群特別嚴守那些規定的人。例如：羊肉與牛肉可以吃、豬肉或兔肉就不能吃……等，這些規定他們都完全遵守。

就算在現代，也有一些基督新教教派規定不能喝酒，連綠茶、咖啡、紅茶都不能喝，也不准吃肉，聽說還管制得相當嚴格。不過，這些禁令和永遠的救贖，其實一點兒關係也沒有。

在這裡出現了「月朔」一詞，指的是每個月的第一個晚上出現的月亮。在那一天，要奉獻祭品、吹響號角，並停下日常工作。「月朔」有時也會被譯成「初一」，與「安息日」同等重要，且被嚴格遵守著。換句話說，它也算是一條法律、一道誡命。然而保羅主張，就算不嚴格遵從那些誡命，只要相信基督的贖罪，就可以獲得永生。在此，他將這個理念又重複宣稱了一次。

有著如此傾向的《歌羅西書》，明確地宣告了基督的天主性。

祂（基督）是不可見的天主的肖像，是一切受造物的首生者。（第一章第十五節）

這段話與《約翰福音》中的「在起初已有聖言，聖言與天主同在，聖言就是天主。聖言在起初就與天主同在。萬有是藉著祂而造成的」不謀而合。這封信就以如此深遠的基督觀為枝幹而形成，和其他書信一樣，對於日常生活中靈修的勸誡也不少。

作妻子的，應該服從丈夫，如在主內所當行的。作丈夫的，應該愛妻子，不要苦待她們。作子女的，應該事事聽從父母，因為這是主所喜悅的。作父母的，不要激怒你們的子女，免得他們灰心喪志。（第三章第十八至廿一節）

## 《帖撒羅尼迦前後書》：用三個星期建立的教會

——《帖撒羅尼迦前後書》【《得撒洛尼前後書》】

很多人稱基督宗教為「西洋的宗教」，我有很長一段時間也這樣認為。然而，耶穌的故鄉猶大卻不在西方，而是東方。以弗所、歌羅西、加拉太等城鎮也同樣在亞洲境內，算是東方（現今的土耳其）。但是，帖撒羅尼迦卻與腓立比同處西方（現今的希臘）。首先將基督宗教傳入西方的人則是保羅。

帖撒羅尼迦是馬其頓的省會，名字取自亞歷山大大帝的妹妹帖撒羅尼迦，是相當繁榮而重要的都市。保羅竟然千里迢迢地從耶路撒冷到這樣的大都會，氣魄實在叫我吃驚。

面對無論是哲學或傳統宗教，處處都深受希臘文化薰染的帖撒羅尼迦；大宗徒保羅憑著信德，一心想傳佈基督的十字架。若非聖靈助佑，實在無法達成。

巴克萊指出，遠赴馬其頓傳教的保羅，思想與亞歷山大大帝其實有著扯不清的關係。

在保羅的時代，亞歷山大大帝已經過世數百年了。亞歷山大大帝曾明言宣布：「我乃是神所派遣的人，為帶來和平與和解，並將世界合一。」在他的理想國度裡沒有東方人、或西方人的區別，也沒有希臘人與猶太人之分，更沒有介於自由人、或奴隸間的鴻溝。巴克萊指出，在保羅的這段話中，可以見到亞歷山大大帝對他的影響：

在這一點上，已沒有希臘人或猶太人，受割損的或未受割損的，野蠻人、西古提人、奴隸、自由人的分別，而只有是一切並在一切內的基督。（《歌羅

—西古提【叔提雅】

西書》第三章第十一節）

除此之外，真正叫我感到吃驚的是，保羅雖然只在帖撒羅尼迦停留三個星期，卻已經建立了教會。這個事實忠實見證了保羅的信德，和聖靈充沛助佑的成果。究竟還有誰能夠只在一個城市待上三個禮拜，就結出這般果實來呢？

雖然如此，這個教會也有許多問題存在。就算相信基督的十字架與復活是真理，過度強調最後審判，並加以曲解，因而誤導人以為再臨的基督馬上就要到來。有些人竟然因此不願工作，游手好閒並多管閒事。在這封信裡，我們看到針對信德薄弱的信眾、或抱持著錯誤末世觀的人的訓誡與建言。

> 你們要以過安定的生活，專務己業，親手勞作為光榮。（前書第四章第十一節）
>
> 應當考驗一切，好的，應保持；各種壞的，要遠避。（前書第五章第廿一至廿二節）
>
> 不要因著什麼神恩，或什麼言論，或什麼似乎出於我們的書信，好像說主的日子迫近了，就迅速失去理智，驚慌失措。（後書第二章第二節）
>
> 誰若不願意工作，就不應當吃飯。（後書第三章第十節）

這句「誰若不願意工作，就不應當吃飯」相當有名，其實正出自兩千年前的保羅。

## 《提摩太前後書》：以愛忠於所託

到目前為止的書信都是寫給教會的，這封信卻專門寫給一位名叫提摩太的人。這個叫提摩太的人，究竟是個怎麼樣的信徒呢？《聖經》是這樣描寫他的：

在那裡有個宗徒，名叫提摩太，是一個信主的猶太婦人的兒子，父親卻是希臘人，在路司得及以哥念的弟兄們都稱揚他。（《使徒行傳》第十六章第一至二節）

路加將提摩太寫成是受人稱揚的人。就像為他背書作證，保羅也在《腓立比書》中這樣寫著：

實在，我沒有一個像他那樣誠心關照你們的人，因為其他的人都謀求自己的事，而不謀求基督耶穌的事。至於他，你們知道他所受過的考驗，他對我如同兒子對待父親一樣，與我一同從事了福音的工作。（《腓立比書》第二章第廿至廿二節）

提摩太從保羅身上獲得了莫大的信賴。這封信雖然是寫給提摩太個人，不過，內容卻

路司得【呂斯特辣】
哥念【依科尼雍】
《提摩太前後書》【《弟茂德前後書》】

可以說是針對教會。從很早以前，《提摩太書》就被稱為「牧函」。牧函指的是對教會的管理與指導，用現代的話來說，就是管理牧師們的工作。這封信大致可以分為兩部分：

一、教會的秩序為何？

二、如何組織治理教會，並顧全信徒的靈魂？

說起教會，大家腦中首先浮現的通常是現代可見的教堂建築物；不過它指的其實是信眾們的集合體，就是群眾。也就是說，就算沒有建築物，只要有信徒在就可以算是教會。

當時的教會並不像現代教會般安穩，且被世間承認，那是個不斷被視為異端，並屢屢遭受迫害的時代，提摩太也在六十多歲時殉道。保羅在這封信開頭所寫的「在信德上作我真子的提摩太」，並不是一句敷衍的客套話。在保羅的傳教行跡中，提摩太如影隨形，又患難與共，從前述路加與保羅對他的評斷，就可以看出來了。

不要嚴責老年人，但要他勸他如勸父親；勸青年人如勸弟兄；勸老婦如勸母親；以完全純潔的心，勸青年女子如勸姊妹。（前書第五章第一至二節）

因為我們沒有帶什麼到世界上，同樣也不能帶走什麼。（前書第六章第七節）

至於那些想望致富的人，卻陷於誘惑，墮入羅網和許多背理有害的慾望中，這慾望叫人沉溺於敗壞和滅亡中。（前書第六章第九節）

貪愛錢財乃萬惡的根源。（前書第六章第十節）

勞苦的農夫，理當先享受產物。（後書第二章第六節）

## 《提多書》：僕人的典範

這封信的目的和提摩太書相同，但提多卻不如提摩太有名。不過，提多固然不夠出名，在與保羅同甘共苦傳教這點上，卻與提摩太同為保羅的好弟子。有個說法是：提多乃是路加的弟弟，所以，路加的《使徒行傳》裡並沒有關於提多的記載，是因為當路加提到「我們」的時候，提多應該就已經被包含在內了。

至於那些愚昧的辯論、祖譜、爭執和關於法律的爭論，你務要躲避，因為這些都是無益的空談。（第三章第九節）

## 《腓利門書》：解放奴隸的導火線

這一封也是保羅的作品，不過，實際上並不出於保羅一人之手。提摩太在開頭之處也一起署了名。保羅的書信幾乎都像這樣，由他與提摩太或西拉聯名寄出。大概那些信是由保羅口述，再由他人手寫。我在前面也提過，因為保羅的視力不好，自己動筆很不容易，因此有時在信件的結尾處會寫著：

《提多書》【《弟鐸書》】

西拉【息拉】

《腓利門書》【《費肋孟書》】

我保羅親筆問候，這是我每封信的記號；這是我的字體。（《帖撒羅尼迦後書》第三章第十七節）

讓我們用自己生活中所寫的信為例想想。我們寫信的時候，究竟會不會寫出如同保羅這樣的內容呢？不僅如此，一生中有沒有寫過任何一次，像保羅那樣長的書信？我不得不在此聲明，要寫出像這樣的信件，實在不容易。

然而，這封《腓利門書》卻是保羅書信中最短的一封，就算用四百字的稿紙謄寫，也只有三張多。為什麼《聖經》收錄這樣短的書信？實在叫人興味盎然。

《腓利門書》的內容，以腓利門家中一個名叫阿尼西亞的奴隸問題為中心。那是個視奴隸制度為理所當然的時代，就算只偷兩條毛巾，都會被罰受烙印，更別提背叛主人的行為了，那是個足以判處死刑的重罪。在這樣的前提下閱讀，你就會發現這封信雖短，內容卻相當驚人。

腓利門是奴隸阿尼西亞的主人。阿尼西亞偷了主人家的東西後逃到羅馬，在那裡遇見保羅，後來領洗成了基督徒。保羅當時正被囚禁於羅馬，等待判決的結果。雖然說是被囚禁，他卻借住在一間獨門獨棟的房子裡（有一個衛兵看守），算是能夠自由行動。

……阿尼西亞【敖乃息摩】

阿尼西亞原本想要留在保羅身邊服侍他，保羅卻決意將阿尼西亞送回腓利門手中。在那個對逃亡奴隸，不管施予什麼刑罰都無所謂的年代，這樣做實在是個相當大的冒險。然而，藉著送回奴隸阿尼西亞，保羅想告訴腓利門和他眾親友的是，信徒該如何對待奴隸的態度。他的心願想必被接受了，如果腓利門沒有深受感動，那麼這封信應該早就被撕碎扔掉了吧！

為此，我雖然在基督內，能放心大膽地命你去作這件該作的事，可是，我這年老的保羅，如今且為基督耶穌作囚犯的，寧願因著愛德求你，就是為我在鎖鏈中所生的兒子阿尼西亞來求你。（第八至十節）

他是我的心肝。（第十二節）

不再當一個奴隸，而是超過奴隸，作可愛的弟兄。（第十六節）

若你以我為同志，就收留他當作收留我罷！（第十七節）

這些話對當時的人，一定如同電擊般震撼吧！在那個年代，奴隸並不被視為人，卻是被當成家畜或物品般對待。對於那些被當成富人財產的奴隸，保羅的想法卻是：「他是我的心肝，把他當成弟兄，收留他當作收留我吧！」

保羅這樣的想法在當時一定很容易激怒富人。不過，如果我們將它與後來的美國奴隸解放相連接，就會知道，這封短短的《腓利門書》其實是大愛的導火線。

## 《希伯來書》：唯有你，永不改變

這封信雖然叫做《希伯來書》，卻沒有註明收件人，就連作者的名字也沒有。有時，我也會收到沒有註明寄件人的信。遇到那樣的狀況時，我會查看郵戳，判斷筆跡，或用信件內容來推測寄件人的身分。《希伯來書》也是一樣，代代被用各種方法推測其作者身分，直到現在，卻依然妾身未明。有人說是巴拿巴寫的，另外有人則說是提摩太寫的，眾說紛紜，但都不確定。

希伯來人究竟是誰？其實指的是以色列人。「希伯來人」這個名稱，是外國人用來稱呼以色列人、或以色列人在外國人面前對自己的稱號。這封信比起前面幾封來得難以理解，若對《舊約聖經》沒有一定程度的知識，的確不容易懂，就算是對資深教友也不簡單。因此，讀這封信時如果發現很多看不懂的地方，也沒有必要因此失望。

《聖經》的解說書也各說各話。然而，《聖經》最好的解說書其實就是《聖經》本身。我在前面也有講過，《聖經》要由《舊約》與《新約》合起來才算完整。為了理解《新約》，就得讀《舊約》；同樣的，若想讀懂《舊約》，就必須讀《新約》。它們互相扮演著彼此的解說書。

話說回來，這封信寫的究竟是什麼內容？如果僅以一句話來說明，就是提出基督論，它還特別強調基督是大祭司。

以色列民族從小就上會堂，所受的教育讓他們幾乎可以背誦整部《舊約聖經》，因此能夠深深理解這封信的意圖與要旨。這部書的作者想必是對信德日漸薄弱的信眾，重新宣告基督十字架的意義與信仰基督的真諦。

這封信完成的年代在暴君尼祿②迫害基督徒之後，對於鼓勵勸慰那些心靈枯槁的人們，有著相當大的助益。

天主立了祂（基督）為萬有的承繼者，並藉著祂造成了宇宙。祂是天主光榮的反映，是天主本體的真像，以自己大能的話支撐萬有。（第一章第二至三節）

這句話中的基督觀，與《約翰福音》中的「在起初已有聖言，聖言與天主同在，聖言就是天主」一致。

修建房屋的人，比那房屋理當更受尊榮。不錯，每座房屋都由一個人修建，但那創造萬有的卻是天主。（第三章第三至四節）

只要還有「今天」在，你們要天天互相勸勉。（第三章第十三節）

千萬不要喪失那使你們可得大賞報的勇敢信心。（第十章第卅五節）

信德是所希望之事的擔保，是未見之事的確證。（第十一章第一節）

最後引用的這一節對我而言，是平生難忘的一句話。當我還躺在病床上時，來探病的三浦將這句話用墨水寫在簽名板上，為我掛在牆壁上。我因此被那句話鼓勵，最後終於戰勝了疾病。

你們與罪惡爭鬥，還沒有抵抗到流血的地步。（第十二章第四節）
我們在此沒有常存的城邑。（第十三章第十四節）

## 《彼得前後書》：紀錄暴君尼祿的迫害

彼得是耶穌的十二宗徒之一，耶穌被捕的那個晚上，他曾經三次不肯承認主。儘管如此，在所有宗徒中我還是最喜歡彼得。他是常常不先考量就行動的輕舉妄動型，卻叫人感覺相當溫暖。

這封信的特徵應該可以稱為溫暖。可能因為經歷了三次不認耶穌的過程，才衍生出這樣豐富滿溢的愛。

依照巴克萊的解說，西元六十四年尼祿迫害基督徒，這封書信則寫於迫害發生後的數年。從電影中也可以看出，尼祿是個無法用言語形容的暴君。他將羅馬城的市街用一

② Nero Claudius Caesar Drusus Germanicus，西元五十四年到六十八年擔任羅馬皇帝。

《彼得前後書》【《伯多祿前後書》】

把火燒光，就只為了在古老的羅馬重建一些取悅自己的新建築。抱怨與批判排山倒海而來，尼祿為了逃避責任，竟把縱火罪一股腦全推到基督徒身上。

在那之前，基督徒已經不斷遭受種種誤會和曲解。他們為了紀念最後晚餐，時常擘麵餅、分葡萄酒喝。但是，只有受過洗的信徒才能夠參加聚會，其他人無法窺見晚餐的實際情形。

耶穌在最後的晚餐上，剝開餅來分給宗徒，說：「這是我的身體」；又將葡萄酒分給眾人說：「這是我的血」。這件事誤傳出去後，就有了風聲說基督徒吃人肉、喝人血，甚至還傳出基督徒將嬰兒與外邦人殺來吃的謠言。

另外，在晚餐席上有代表平安的接吻儀式，卻被謠傳成是情慾的祭典。正因為基督徒受到如此多的誤解，因此，即使是那些曾對尼祿縱火深信不疑的群眾，也將無處發洩的不滿全傾倒在基督徒身上，最後造成了大屠殺。尼祿接二連三地逮捕基督徒，將他們釘在十字架上；為了照亮晚間的庭園，甚至在基督徒身上潑倒煤焦油，點燃後充當火把照明。此外，還傳說他強迫基督徒披上野生動物的皮毛，再放出獵犬盡情追逐撕咬。

即使在首次的大迫害平息後，基督徒依然身陷險境。就如同圍觀鬥牛般，群眾們一見到基督徒傾流的鮮血便不覺狂熱起來。在那段期間奪走基督徒性命的刑罰，很多並非透過真正的法律，而是藉由殘酷的私刑。

在那樣的背景下，彼得寫下了這封信。叫我們無比驚訝的是，在信中看不到絲毫的仇恨與憎惡，反而充滿了安慰與確信的言詞。

你們要做自由的人，卻不可做以自由為掩飾邪惡的人，但該做天主的僕人。（前書第二章第十六節）

若你們因犯罪被打而受苦，那還有什麼光榮？但若因行善而受苦，而堅心忍耐：這纔是中悅天主的事。（前書第二章第廿節）

總不要以惡報惡，以罵還罵；但要祝福。（前書第三章第九節）

將你們的一切掛慮都託給他，因為他必關照你們。（前書第五章第七節）

你們要全力奮勉，在你們的信仰上還要加毅力，在毅力上加知識，在知識上加節制，在節制上加忍耐，在忍耐上加虔敬，在虔敬上加兄弟的友愛，在兄弟的友愛上加愛德。（後書第一章第五至七節）

## 《約翰一書》：親眼所見的耶穌天主性

這部書雖然稱為信，卻與書信的寫作形式不相符；不但沒有具名、沒有問候詞，還劈頭就說教。作者是撰寫《約翰福音》的宗徒約翰，寫作年代應在西元一百年前後。照這樣推算下來，耶穌在三十二、三歲左右被釘十字架，就算當時約翰大約是二十歲，寫這部書的時候應該近九十歲了。

相當長壽的約翰，甚至被傳說長生不死，因此西元一百年左右說不定還相當健康活躍。我不懂原文，並不清楚實際的感受。據說這部《約翰一書》的語氣讀起來與《約翰福音》相當類似，應該出於同一人之手。

不同於彼得和保羅所寫的書信，這封書信寫成的時代，教會已經有了相當穩定的發展，沒有遭受迫害。相反地，本身卻有著種種使人墮落的誘惑，並出現假先知，導致原本炙熱的信德逐漸冷淡，甚至開始有崩壞的跡象。

信德往往由於自己內在的鬆懈而崩潰，比起外來的迫害還更多。這也是現代教會所需要面對的危機。

當時，教會所面臨的危機之一，在於不相信耶穌即為救世主基督。尤其那些長年信奉猶太教的人們，要使他們相信被釘在十字架上的耶穌即為救主，遠超乎我們現代人所能想像的困難。也就是說，天主子選擇了肉身，降生在人世間這件事，叫他們無法置信。

約翰在這樣的時機寫這封信，目的在於使人自然理解，也就是對耶穌基督的重新確認。

論到那從起初就有的生命的聖言，就是我們聽見過，我們親眼看見過，瞻仰過，以及我們親手摸過的生命的聖言——這生命已顯示出來，我們看見了，也為祂作證，且把這原與父同在，且已顯示給我們的永遠的生命，傳報給你們。（第一章第一至二節）

開頭的這段話，與《約翰福音》剛開始的部分豈不相似？

在起初已有聖言，聖言與天主同在，聖言就是天主。聖言在起初就與天主同在。萬有是藉著祂而造成的；凡受造的，沒有一樣不是由祂而造成的。在祂內有生命。（《約翰福音》第一章第一至四節）

約翰是耶穌的嫡傳弟子，他用自己親眼所見、親耳所聽之事，為耶穌的天主性做了強硬的見證。

但若我們明認我們的罪過，天主既是忠信正義的，必赦免我們的罪過，並洗淨我們的各種不義。（第一章第九節）

凡明認耶穌為基督，且在肉身內降世的神，便是出於天主；凡否認耶穌的神，就不是出於天主。（第四章第二至三節）

## 《約翰二、三書》：用愛檢驗真理

這兩封書信與上一書信同為約翰所撰，都是相當短的信。其中，《約翰三書》被稱

——《約翰二、三書》【《若望二、三書》】

為《聖經》中最簡短的一封信。在《約翰二書》裡，收件人寫的是「蒙選的主母和她的子女」。

我原本以為這封信是寫給某位婦人，後來才知道當時習慣稱教會為「主母」。我們經常聽到將基督比喻為「教會的新郎」，因此，她的子女自然就是教會的信徒。這封短信中最重要的部分應屬下面這段話。

凡是越規而不存在基督道理內的，就沒有天主；那存在這道理內的，這人有父（天主）也有子（基督）。若有人來到你們中，不帶著這個道理，你們不要接他到家中，也不要向他請安。（《約翰二書》第九至十節）

如果不謹慎地閱讀此段，很容易驚訝基督徒的不寬容。我從前也是這樣，每次讀到這段就不由得起反感。然而，約翰那樣寫，是因為真的有寫出來的必要。

當時的巡迴傳教師為數不少，其中甚至有人傳述與基督宗教完全相反的教義。那樣的危險人物會在什麼時候出現？四散各地的教會並無從得知。如果在什麼都不知道的狀況下，誤認他們的宣講對自己有益，因而迎接款待，不但會接觸很糟糕的道理，甚至會動搖、並對基督徒的信德帶來混亂。

現代也有像那樣的假學士。正如《福音》中耶穌曾經預言，會有自稱救世主、或假基督的人出現。現在也有些人自稱是再臨的基督，蠱惑年輕人。受到那樣教義所惑的青年捨棄了學業、捨棄了父母、也捨棄了工作。他們被迫四處募集定額捐款、做家庭拜訪、或站立在街頭小巷傳教。日本各地因此成立了受害者協會，到我這裡來控訴的受害者家庭也從不間斷。

如果我們能夠有這樣的認知，那麼「你們不要接他到家中，也不要向他請安」這個警告，便不能稱得上是太過嚴厲、或不近人情了。在《約翰三書》中，有著這樣的描述：

……丟特腓，卻不承認我們。為此，我若來到，必要指摘他所行的事，就是他用惡言惡語誹謗我們的事；但這為他還不夠：他自己不款待弟兄們，連那願意款待的，他也加以阻止，甚而將他們逐出教會。（第九至十節）

——丟特腓【狄約特腓】

如果我們在讀這段的時候，知道那並不是私人間的恩怨，而是整體教會的問題，就能因此理解了吧！這也證明了宗徒們不曖昧處理問題，也不隨意妥協，與耶穌「是就說是，非就說非」的教導互相呼應。

總之，我們從此書中可以窺見，初期教會在真正的福音紮根之前，所面對的種種內外問題。

## 《猶大書》：小心被私欲把持的人

我在前面也講過，自己曾經以為這部書的作者猶大是加略人猶大，可是，他其實是耶穌的兄弟猶大（因為兩人的日文譯名相同）。

迫使他不得不寫下這封信的原因與其他書信相同，是因為到處出現了假學士，在各地教會威脅攪和；因此，這封信是在很急迫的狀況下寫成的。

此外，這也是一封短信。不過，短雖短，就算教友讀來也不見得就懂。因為信中到處充滿了《舊約聖經》中的事件與人名地名。

這樣保存你們自己常在天主的愛內，期望賴我們的主耶穌基督的仁慈，入於永生。對那些懷疑不信的人，你們要說服；對另一些人，你們要拯救，把他們從火裡拉出來；但對另一些人，你們固然要憐憫，可是應存戒懼的心，甚至連他們肉身所玷汙了的內衣，也要憎惡。（第廿一至廿三節）

在最後所提到的「肉身玷汙的人」，指的是那些一邊宣稱相信天主、一邊卻假借相信之名為所欲為，過著放蕩生活的偽信者。猶大寫信的目的就是為了表達這個。

## 《啟示錄》：為保護信仰用密碼書寫

從前，《新約聖經》中最引不起我閱讀興趣的就是這篇《啟示錄》。和我有同樣想法的人出乎意料地多。可是也聽說有不少人對《啟示錄》相當著迷。也就是說，眾人對這部書的評價相當兩極。

我以前對《啟示錄》敬而遠之的原因在於，書中有太多莫名其妙而無法理解的地方。為什麼會那樣呢？那是因為此書大部分的內容是用密碼所寫成的。

解開密碼是一件有趣的事。但是，有些人卻過分熱中於解碼，以消遣為目的的臆測玩弄、或聲稱幾年幾月幾日為世界末日，讓人陷於不安與混亂，我們應該多加注意。既然如此，為什麼還要用密碼來寫這部書呢？想知道問題的答案，還是得先了解其背景。

一提起羅馬的皇帝，首先叫我聯想起的就是暴君尼祿。前面講過他縱火燒了羅馬城，卻將罪名推給基督徒，並對他們施加殘酷無比的刑罰。

可是，如果我們從註解書中調查，從初任到第八代為止的皇帝們，就會發現在第三代就已經出現了強迫人民禮拜的皇帝加里古拉（Caligula）③。這位皇帝有精神異常的毛病，也是個誇大妄想狂。

③ Caligula 是簡稱，正式的名稱是 Gaius Julius Caesar Augustus Germanicus。西元三十七到四十一年擔任羅馬皇帝。

尼祿為第五代皇帝，是個無庸置疑的暴君。但是，他並沒有自稱為神，也沒有強迫國民朝拜自己。然而，第八代皇帝多米仙④，卻像是集加里古拉與尼祿兩者於大成之無可救藥的暴君。

根據《新聖經大辭典》的解說，這個皇帝處死了羅馬許多身分地位極高的知名人士，又毫無理由地放逐人民、或沒收人民的財產。他的猜忌心很強，連對自己的姪女等至親也伸出魔掌。以謀反之疑被處刑的人實在太多，他的妻子因此與家臣聯手共計，謀殺了這個皇帝。

他所犯的最大罪惡是自稱為神，又透過法律宣告此事。諸凡官方通告或告示文件的開頭總會烙上一句：「奉吾主天主多米仙之召曰」。另外，不管書面或口頭，總得以「主」、或「神」來稱呼他。簡而言之，凡居住在羅馬境內、或佔領地的人，或者承認皇帝為天主、或者因不願稱呼而被處死，二選一沒有別的路走。

對基督徒而言，稱呼人為天主是絕對不可能的事。在那個時代，求生的基督徒必須面對的恐怖是多麼驚人啊！這本《啟示錄》就是為了貫徹、並激勵他們的信德而產生的。因此，不能被皇帝身邊的人得知這部書的真正意圖。用密碼撰寫，正是願意捨命守護信仰而產生的智慧。也就是說，這部書是以性命作賭注的創作，讀者也必須以性命為賭注地閱讀。

讀到這裡，不禁叫我恍然停步。身為一個基督徒，又站在寫作者的立場，我究竟有沒有本事在自己遭受性命之危的狀況下還繼續創作？只要想到這點，就教我被這不得不用密碼來寫作的信德所折服。

## 迫害中寫成的《新約聖經》

讓我們想想，不只這部《啟示錄》，幾乎所有《新約聖經》裡的書卷都在被迫害中寫成；保羅甚至連被關在獄中時也沒有停止過書寫。基督宗教在耶穌被釘十字架後開始遭受迫害。因此，不管是《新約聖經》中的哪一部分，都淋著耶穌尊貴的寶血，同時也塗抹著聖徒們的鮮血。

就算時間已經過了兩千年，我們不也應該以認真的態度，來閱讀這本冒著生命危險所寫下來的《聖經》？為能理解那些冒著性命之危所傳達的訊息，讀者也必須抱持著相對的嚴謹態度。

牧師曾經說過這樣的話：「讀《聖經》，必須偕同自己全部的生活，一起閱讀。」直到今天，我總算明白了它的深度。另外，牧師的另一句話——要將《聖經》裡的句子，當成是對我們自己所講的話，仔細傾聽——，我也是好不容易才瞭解。

④ Titus Flavius Domitianus，西元八十一到九十六年擔任羅馬皇帝。

最後，我想引用一兩段《啟示錄》中的章節來做擱筆前的結尾。

看，我立在門口敲門，誰若聽見我的聲音而給我開門，我要進到他那裡，同他坐席，他也要同我一起坐席。勝利的，我要賜他同我坐在我的寶座上。（第三章第廿至廿一節）

這段話成了一幅名畫。畫中的基督站在沒有把手的門外敲門，因為沒有把手，基督因此無法開門。基督宗教的信仰即為：非得憑自己的意識從裡面打開門，將基督迎接進心中不可。我們從一開始讀到現在的整本《聖經》，也就是基督的敲門聲。或是敞開心門答覆那個敲門聲？或是觀望？或是拒絕？將使我們有截然不同的人生。

阿們。主耶穌，你來罷！

這是《聖經》裡的最後一句話。（在那之後還有一行用來結尾的招呼詞）宗徒們在被迫害中依舊等待的人是耶穌。我們人類真正需要等待的人又是誰呢？是聖、是愛、是義，不也就是救世的天主子嗎？

因此，我不斷地如此祈求著：

主耶穌，你來罷！

國家圖書館出版品預行編目（CIP）資料

三浦綾子:《新約》告訴我的故事 — 為什麼耶穌的魅力吸引了我？
/ 三浦綾子著 ; 許書寧譯 . -- 初版 . --
臺北市：星火文化， 2016.2
面；　公分 . --（Search ; 6）
譯自 : 新約聖書入門：心の糧を求める人へ
SBN 978-986-92423-1-8（平裝）

1. 新約 2. 聖經故事

241.5　　104022315

Search 06

# 三浦綾子：《新約》告訴我的故事 —— 為什麼耶穌的魅力吸引了我？

作　　者　三浦綾子
譯　　者　許書寧
執行編輯　陳芳怡
封面繪圖　許書寧
封面設計　Neko
內頁排版　Neko
總 編 輯　徐仲秋
出 版 者　星火文化有限公司
地　　址　台北市衡陽路七號八樓
電　　話　（02）2331-9058
營運統籌　大是文化有限公司
業務經理　林裕安
業務專員　陳建昌
業務助理　馬絮盈
企畫編輯　林采諭
讀者服務專線：（02）2375-7911 分機 122
24 小時讀者服務傳真：（02）2375-6999
香港發行　大雁（香港）出版基地 · 里人文化
香港荃灣橫龍街 78 號
正好工業大廈 25 樓 A 室
電話：（852）2419-2288
傳真：（852）2419-1887
E-mail：anyone@biznetvigator.com
印　　刷　韋懋實業有限公司

2016 年 2 月初版　Printed in Taiwan
I S B N 978-986-92423-1-8　定價／300 元
SHINYAKU SEISHO NYÛMON - KOKORO NO KATE WO MOTOMERU HITO E
by Ayako MIURA